Heinrich Martin

Wegnetz, Eintheilung und Wirthschaftsplan in Gebirgs-Forsten

Heinrich Martin

Wegnetz, Eintheilung und Wirthschaftsplan in Gebirgs-Forsten

ISBN/EAN: 9783743348363

Hergestellt in Europa, USA, Kanada, Australien, Japan

Cover: Foto ©Andreas Hilbeck / pixelio.de

Manufactured and distributed by brebook publishing software (www.brebook.com)

Heinrich Martin

Wegnetz, Eintheilung und Wirthschaftsplan in Gebirgs-Forsten

Wegnetz, Eintheilung und Wirthschaftsplan in Gebirgs-Forsten.

Eine Darstellung

der in der Provinz Hessen-Nassau unter Leitung des Forstmeisters Kaiser zu Kassel gegenwärtig zur Ausführung kommenden Forsteinrichtungs-Arbeiten

von

Dr. H. Martin,
Königl. Preuss. Oberförster zu Jesberg in Hessen.

München,
Hans Augustin.
1882.

Vorwort.

Die Tendenz vorliegender Schrift ist eine rein praktische. Sie soll insbesondere zur Anbahnung einer einheitlicheren Gestaltung des Forsteinrichtungswesens, zur Aufhebung der gegenwärtig in den einzelnen deutschen Staaten noch bestehenden formellen und materiellen Verschiedenheiten hinsichtlich der Wegnetzlegung, der Eintheilung und Taxation, soweit diese nicht durch sachliche Verhältnisse bedingt sind, beitragen. Dieser Tendenz entsprechend werden die einzelnen Gegenstände in derjenigen Folge und demjenigen Umfange behandelt, wie sie bei der Ausführung einer neuen Forsteinrichtung zur Anwendung gelangen.

In materieller Hinsicht neue Momente bietet das Forsteinrichtungsverfahren der Taxations-Commission für die Provinz Hessen-Nassau nur hinsichtlich der Wegnetzlegung und der wirthschaftlichen Eintheilung. Eigenthümlich ist diesem Verfahren insbesondere der wechselseitige Einfluss, welchen Wegnetz und Eintheilung auf einander ausüben. Um die Art und Weise, wie hierbei verfahren wird, auch für die Gebirgsforsten anderer Staaten, insbesondere die sächsischen, bairischen, württembergischen und badischen Gebirgsforsten nutzbar zu machen, hat der Verfasser sich bemüht, aus der Mannichfaltigkeit der im letzten Jahrzehnt in Hessen-Nassau ausgeführten Eintheilungsprojecte allgemeine Regeln zu abstrahiren und über deren Anwendbarkeit resp. ihre Modification unter anderen Verhältnissen, als sie in Hessen und Nassau vorliegen, ein brauchbares Gutachten abzugeben.

Das bei der Aufstellung der Betriebspläne in unserer Taxations-Commission in Anwendung stehende Verfahren hat im verflossenen Jahrzehnt fortwährend die Tendenz zu grösserer Einfachheit gezeigt. Man gelangt mehr und mehr zu der Einsicht, dass die wichtigsten Gegenstände des Betriebes mehr von der Geschichte der Reviere und der Wirthschaftspolitik, von der Ablösung der Servituten, den Absatzverhältnissen, von Calamitäten etc., als von der Methode der Taxation beeinflusst werden, dass die richtige Auswahl der Wirthschaftsbestände für die nächste Zeit die wesentlichste Aufgabe jeden Betriebsplanes sei und dass die Art der Ausführung der Hauungen, Culturen etc. mehr von der Thätigkeit des Verwaltungsbeamten als von den Dispositionen des Betriebsplanes abhängig ist.

Als Leser hat der Verfasser in erster Linie die die Betriebsregelungs-Arbeiten leitenden und ausführenden Beamten vor Augen gehabt. Da die in die Taxations-Commission eintretenden Candidaten etc. vielfach einen zur Einführung in diese Arbeiten geeigneten kurzen Leitfaden vermissen, so ist die Darstellung so gehalten, dass auch die der Praxis noch unkundigen jüngeren Fachgenossen von der Schrift werden Gebrauch machen können.

Jesberg, den 5. November 1881.

Der Verfasser.

Inhalt.

Erster Theil.
Wegnetzlegung und Districtseintheilung.

	Seite
Einleitung	1
Erstes Kapitel. Das Projectiren des Wegnetzes und der Districtseintheilung	2
A. Einzelne Projecte.	
Oberförsterei Oberoms	3
Oberförsterei Idstein und Rambach	4
B. Allgemeine Grundsätze für das Projectiren.	
Construction der Hauptabfuhrwege	7
Construction der die verschiedenen Standorte trennenden Linien	10
Construction der Districtswege	12
Der Weg als Culturgrenze. Melioration	19
Zweites Kapitel. Die Ausführung der Forsteinrichtungsprojecte	24
Personal	24
Hülfsmittel	25
Orientirung	26
Provisorische Absteckung	27
Definitive Absteckung	33
Sicherung und Versteinung	35
Schriftliche und kartographische Darstellung der Projecte	38
Drittes Kapitel. Die Anwendbarkeit des in Hessen-Nassau in Anwendung stehenden Verfahrens unter anderen forstlichen Verhältnissen	40

Zweiter Theil.
Die Aufstellung der Wirthschaftspläne.

Einleitung	49

Erster Abschnitt.
Vorarbeiten.

Erstes Kapitel. Ausscheidung der Bestandesabtheilungen	51
Zweites Kapitel. Specielle Bestandes- und Standortsbeschreibung	56
Drittes Kapitel. Aufnahme der Holzmassen und des Zuwachses	60

Zweiter Abschnitt.
Der Wirthschaftsplan.
Seite

Erstes Kapitel. Bildung der Betriebsverbände 64
    Betriebsklassen 65
    Hiebszüge 69
Zweites Kapitel. Ertragsregelung 70
    Combinirtes Fachwerk 72
    Flächenfachwerk mit einfachen und reducirten Flächen 74
    Flächenfachwerk mit nur einfachen Flächen 77
    Vereinfachung der Ertragsregelungsmethoden 77
    Ermittelung des Abnutzungssatzes 80
Drittes Kapitel. Betriebsdispositionen 81
Viertes Kapitel. Taxationsschriften und Karten 82

Erster Theil.

Wegnetzlegung und Districtseintheilung.

Einleitung.

Als auf der achten Versammlung deutscher Forstmänner in Wiesbaden über das Verfahren der Wegnetzlegung und wirthschaftlichen Eintheilung in Gebirgsforsten verhandelt wurde, zeigte sich insofern eine Einstimmigkeit der abgegebenen Ansichten, als allgemein die Nothwendigkeit, grössere Gebirgsforsten mit systematischen Wegnetzen zu durchziehen und die Zweckmässigkeit, das Wegnetz als Basis der Eintheilung zu benutzen, anerkannt wurde; über die Art und Weise jedoch, wie diese Verbindung zwischen Wegnetz und wirthschaftlicher Eintheilung herzustellen sei, gingen die Meinungen auseinander. Das von dem Referenten, Herrn Forstmeister Kaiser zu Cassel, dargelegte Verfahren hat zwar eine directe Entgegnung nicht gefunden, allein aus dem Inhalte der Verhandlungen geht doch hervor, dass die gemachten Vorschläge zu keinem harmonischen Resultate für das maassgebende Princip und den praktischen Vollzug der Forsteinrichtungsarbeiten führen würden. Dementsprechend lehrt auch ein Einblick in die bezüglichen Verhältnisse der verschiedenen deutschen Staaten, dass bei den gegenwärtig in der Ausführung begriffenen Methoden der Wegnetzlegung und wirthschaftlichen Eintheilung noch mehr materielle Verschiedenheiten obwalten, als durch die physikalischen oder ökonomischen Besonderheiten der verschiedenen Oertlichkeiten bedingt sind. Als der wesentlichste Grund hierfür ist der Umstand anzusehen, dass die Verfahren der Wegnetzlegung und Eintheilung vorzugsweise durch Praktiker, die an beschränkte Lokalitäten gebunden waren, ausgebildet worden sind. In der forstlichen Literatur war diesem Gegenstande seither nur ein sehr spärlicher Raum zugetheilt. Abgesehen von einigen wenigen Detailarbeiten, unter denen insbesondere Mühlhausen's Darstellung des Wegnetzes der Oberförsterei Gahrenberg hervorzuheben ist, wird dieses Thema in der Literatur so generell und kurz behandelt, dass ein bestimmtes, praktisch anwendbares Verfahren daraus nicht abgeleitet werden kann.

Es wird unter diesen Umständen nicht unzeitgemäss sein, wenn im Nachfolgenden das Verfahren, nach welchem in den letzten 10 Jahren der grösste Theil der Gebirgsforsten der Provinz Hessen-Nassau unter der Leitung des Forstmeisters Kaiser zu Cassel bearbeitet worden ist, zur allgemeinen Kenntniss gebracht wird. Die wesentlichsten Seiten desselben, welche ein allgemeineres Interesse beanspruchen können, betreffen:

1. Die Grundsätze, welche beim Projectiren des Wegnetzes und der Eintheilung befolgt werden,
2. Die Art der Ausführung der Projecte,
3. Die Anwendbarkeit des in Hessen-Nassau in Anwendung stehenden Verfahrens unter andern forstlichen Verhältnissen.

Hieraus ergiebt sich die Eintheilung des Stoffes für den nachfolgenden Theil.

1. Kapitel.
Das Projectiren des Wegnetzes und der wirthschaftlichen Eintheilung.

A. Einzelne Projecte.

Um die Grundsätze, nach welchen Wegnetzlegung und Eintheilung in der Provinz Hessen-Nassau zur Ausführung kommen, jeder unbestimmten Allgemeinheit zu entkleiden, theilen wir in den angehängten Tafeln einige Einrichtungsprojecte mit, die der Verfasser in den Staats- und Gemeindewaldungen des Regierungsbezirkes Wiesbaden ausgeführt hat. Zu ihrer Erklärung dient Folgendes:

Tafel I stellt einen vom grossen Feldberg nach Norden ziehenden Ausläufer des Taunus dar. Der ihn bestockende Wald bildet einen Theil der Königlichen Oberförsterei Oberems und ist zum grössten Theile Staatswald. Der Holzabsatz geht sowohl nach Norden zum Weilthal, als nach Süden in der Richtung der Strasse No. 5, als auch drittens nach Ortschaften jenseits der östlich vorliegenden Höhe. Für den westlichen Hang des Complexes ist der wichtigste Absatzweg die neugebaute, das Weilthal mit der Mainebene verbindende Strasse No. 5, die vom Dorfe Schmitten aus mit 5 % Steigung 1 Km. südlich vom Districte No. 1 die Haupthöhe des Taunus überschreitet. Sie vermittelt die Holzabfuhr nach beiden Seiten. Der nördlichen Absatzrichtung allein dient Weg No. 4, der vom Sattel des Höhenrückens, anfangs einen bereits gebauten Weg einhaltend, mit geringem, dann mit hohem Procente zum gegebenen Ausgange d nach dem Orte Dorfweil hinabfällt. Auf der östlichen Seite verbinden die Wege No. 1 und 2 des Weilthal mit der Strasse No. 5 und ermöglichen so die Abfuhr nach beiden Richtungen. Für den Holzabsatz nach östlicher Richtung ist der Weg No. 3 construirt worden. Er fällt mit 8,5 % vom Sattel zum Treffpunkte a mit Weg No. 2, geht dann horizontal mit diesem durch ein sehr schwer zu bauendes Terrainstück bis b und fällt von da mit 7 % zum Wiesen-Uebergang f, von dem aus er Fortsetzung in der angrenzenden Oberförsterei Usingen findet.

Die genannten Wege bilden die Hauptabsatzadern für den vorliegenden Terraincomplex. Als Wege einer niederen Ordnung sind die Wege No. 6, 7 und 8 anzusehen. Die beiden ersten fallen von den Sätteln, der dritte vom Brechpunkte c des nordwestlich streichenden Rückens mit mässigem Gefälle zu den passendsten Eingängen der Strasse No. 5; das kurze Wegstück No. 9 endlich verbindet, vom Rücken in die Mulde mit 7 % fallend, die Wege No. 7 und 8 und stellt dadurch eine durchgehende Hiebszugsgrenze her.

Für die Eintheilung ist zunächst die Höhenlinie xy gegeben. Aus ihrer Lage zu den Horizontalen geht hervor, dass sie möglichst getreu dem Terrain abgesteckt wurde; eine vorhandene alte Rückenlinie ist, weil sie bald auf der einen bald auf der anderen Seite des wirklichen Rückens liegt, unberücksichtigt gelassen. Die weitere Theilung bildet jederseits ein Wegzug; diesen theilen vorhandene Terrainlinien und senkrecht zum Terrain liegende Schneisen in Districte. Die durchschnittliche Grösse der letzteren beträgt im Staatswalde 14 Ha; die Maximalgrösse (District No. 13) ist 18 Ha.

Der auf **Tafel II** abgebildete, zu den Oberförstereien Idstein und Rambach in Nassau gehörige Terraincomplex ist ein Theil der vom Gebirgsstocke des hohen Taunus südwestlich, nach dem Rhein verlaufenden Höhenkette. Die wichtigste Abfuhrrichtung ist für den gesammten Complex die östliche, thalabwärts nach dem Bahnhofe bei Niedernhausen, von wo directe Bahnverbindung nach dem circa 20 Km. entfernten Wiesbaden und auch nach Frankfurt besteht. Für die westlich gelegenen Theile geht aber auch Holzabsatz sowohl nach nordwestlichen Ortschaften, insbesondere nach dem Dorfe Neuhof, als auch in südwestlicher Richtung, in welcher mittelst der bestehenden Höhenstrasse längs der westlichen Staatswaldgrenze und deren Fortsetzung die circa 16 Km. entfernte Stadt Wiesbaden ziemlich schnell zu erreichen ist. Diese verschiedenen Absatzrichtungen machen für den nördlich vom Theisthale gelegenen Terraincomplex die Construction allseitiger Hauptwege erforderlich. Den gemeinsamen oberen Ausgang derselben bildet der Sattel f der Haupthöhe. Von ihm gehen in der Richtung nach Niedernhausen die beiden Hauptwege No. 1 und 2. Der nördliche von diesen erreicht mit 7,5 % ohne Curve den bestehenden Uebergang ab, welcher die Verbindung mit der nach Niedernhausen führenden Strasse herstellt. Der am Südhange liegende Hauptweg No. 1 führt gleichfalls zu diesem Uebergange, erreicht denselben aber, trotz seines hohen Gefälles wegen des glatteren Terrains und der kürzeren Entfernung nur mittelst einer Curve bei c. Der nordwestlichen Abfuhrrichtung dient der mit gleichmässig hohem Gefälle den Sattel *f* mit dem gegebenen Ausgange verbindende Weg No. 3, der südwestlichen Weg No. 4. Dieser führt zunächst zum Sattel *g*, theilt sich da in die beiden Arme 5 und 6, von denen der eine die genannte nach Wiesbaden führende Höhenstrasse, der andere den Sattel *h* erreicht. Von den beiden letztgenannten Sätteln gehen auch die Hauptwege des langgestreckten südlichsten Complexes aus, die gleichfalls nach dem Bahnhofe Niedernhausen gerichtet sind. — Zu beiden Seiten des Theisthales sind Thalrandwege construirt worden. Der Randweg des Südhanges schmiegt sich der Waldgrenze möglichst an, überschreitet bei *d* und *e* das Theisthal und trifft so mit dem jenseitigen Randweg zusammen, dessen Endpunkt die Pulvermühle bei Niedernhausen ist. Von dieser führt ein Feldweg, der acquirirt und verbreitert werden muss, zum Dorfe und zum Bahnhofe. Vom Uebergange bei *d* führt Weg No. 8 mit 5% Steigung zum Sattel *i*. Hierdurch wird für die oberhalb dieses Weges gelegenen Waldtheile die directe Abfuhr nach den südlich gelegenen Ortschaften ermöglicht. Der gebaute Weg No. 5 am Südhange konnte zum Theil beibehalten werden. Nach unten ist er demselben Ausgange wie die Wege 1 und 2 zugeführt. Von den beiden Armen, in die er sich oben theilt, führt der höhere zum Sattel *g*, der untere ist mit dem Randwege No. 7 der gegenüber liegenden Seite in Verbindung gebracht. Die Lage des Randweges No. 9 längs der Districte 21—23 wird durch gegebene Endpunkte und Eigenthumsgrenzen bestimmt; diejenige des Abfuhrweges No. 10 durch den Ausgang *k* und die vorhandenen gut fahrbaren Eintheilungslinien.

Die ausserdem abgesteckten Wege dienen der Eintheilung, die hier durch die Eigenthumsgrenzen und die Grösse der Besitzeseinheiten beschränkt resp. modificirt wird. Für den Idsteiner Stadtwald und den Staatswald bildet die neu projectirte Rückenlinie die erste Grundlage. Das Gerippe für die vertikale Theilung war grösstentheils durch bestehende Schneisen gegeben. Diese brauchten nur ergänzt und wo nöthig corrigirt zu werden. Zur horizontalen Eintheilung haben auf der steileren Südseite des

Hauptcomplexes die Hauptabfuhrwege eine sehr günstige Lage. An der schwach geneigten und sehr ebenmässig verlaufenden Nordwand sind theils die älteren gut fahrbaren geraden Schneisen beibehalten, theils ebensolche neu construirt worden.

B. Allgemeine Grundsätze für das Projectiren.

Wenn auf Grund der im Vorstehenden mitgetheilten Forsteinrichtungsprojecte die wesentlichsten Grundsätze des in Hessen-Nassau zur Anwendung kommenden Verfahrens nach dem Grade ihrer Bedeutung für den forstwirthschaftlichen Betrieb und der Folge, die bei dem Projectiren einzuhalten ist, zusammengefasst werden sollen, so müssen dieselben in nachstehender Ordnung ausgedrückt werden:

1. Durch das Forsteinrichtungsproject sollen rationelle Abfuhrwege construirt werden, welche in möglichst directer Richtung den Transport des Holzes aus dem Innern des Waldes nach dem Consumtionsbezirke ermöglichen.

2. Durch das Forsteinrichtungsproject sollen Ungleichheiten des Standortes von einander geschieden werden.

3. Die weitere Theilung der nach 2) gebildeten einheitlichen Standortscomplexe muss so geschehen, dass Wirthschaftsfiguren von zweckmässiger Grösse und Form gebildet und regelmässig aneinander gereiht werden.

4. Zur Begrenzung der Wirthschaftsfiguren in horizontaler Richtung werden Wege zu ihrer Begrenzung in verticaler Richtung, Terrainlinien (seitliche Rücken und Mulden) oder senkrecht zum Terrain liegende Schneisen benutzt. — Hauptwege werden zur Districtsbegrenzung verwendet, wenn sie, unbeschadet der unter 1) gestellten Forderung eine für die Theilung geeignete Lage haben; Nebenwege werden so construirt, dass sie dem Zwecke geordneter Eintheilung möglichst entsprechen.

Dies sind die Fundamentalsätze, nach denen bei der Wegnetzlegung und wirthschaftlichen Eintheilung aller Gebirgsforsten in Hessen-Nassau verfahren wird. Dieselben können seitens der Taxations-Commission für diese Provinz als Thesen aufgestellt werden, die nicht nur für ihren Specialbezirk, sondern für alle Gebirgsforsten, in denen ein Wegnetz (nicht nur Einzelwege) zu legen ist, Geltung haben sollen.

Es sei nun noch unsere Aufgabe, den im Vorstehenden ausgesprochenen Sätzen einige Bemerkungen beizufügen, die dazu dienen werden, denselben eine allgemeinere Anwendung zu geben als es durch die mitgetheilten Projecte geschehen kann.

1.

Was zunächst These 1) betrifft, so bietet das in Hessen-Nassau angewandte Einrichtungsverfahren bezüglich der Construction der Hauptabfuhrwege am wenigsten Eigenthümliches, von der Construction anderer Techniker principiell Abweichendes. Die wichtigsten am meisten Holz aufnehmenden und befördernden Wege sind in Gebirgsforsten diejenigen, welche, einen grösseren Waldkörper quer durchziehend, die Höhen mit den Hauptthalstrassen in unmittelbare Verbindung bringen. Die Hauptrichtung solcher Wege wird meist durch das Terrain und den Holzabsatz ziemlich fest vorgeschrieben, so dass abweichende Ansichten über ihre Construction oft mehr die Ausführung im Einzelnen als die Hauptzüge betreffen. Als Endpunkte sind in der Regel einerseits die geeignetsten Eingangsstellen bestehender Strassen, andererseits bestimmte Punkte der Höhen gegeben, unter denen die Gebirgssättel die wichtigsten sind. Geht der Holzabsatz von einer Bergwand über die sie begrenzende Höhe, so ist es unbedingt geboten, die Wege der beiderseitigen Hänge im Sattelpunkte derselben zu vereinigen. Im entgegengesetzten Falle, wenn jeder zweier entgegengesetzten Hänge ein besonderes Absatzgebiet hat, oder die beiderseitigen Abfuhrwege nach denselben Richtungen führen, ist die Sattelverbindung zwischen zwei entgegengesetzten Hängen kein unbedingtes Erforderniss. Immerhin bleibt aber auch bei einseitigen Absatzverhältnissen die Führung der Abfuhrwege bis zu den Sätteln wünschenswerth; sie nehmen alsdann das Holz, welches an die fahrbaren Höhenlinien gerückt ist, auf die einfachste Weise auf. Auch muss die Möglichkeit einer Erweiterung der Absatzrichtung stets ins Auge gefasst werden. — Für die Verbindung der Endpunkte eines Hauptweges, die Lage der projectirten Weglinie, sind das Gefälle und die Rücksicht auf guten und billigen Ausbau die maassgebenden Momente. Ueber die Höhe und den Wechsel des Gefälles werden seitens unserer Taxations-Commission keine generellen Regeln aufgestellt; sie werden bestimmt nach den vorliegenden concreten Boden- und Absatzverhältnissen. Gleichmässiges Gefälle hat für die Fuhrwerke und Zugthiere (wenn die Wegstrecken nicht zu lang sind) zu entschiedene Vorzüge, als dass man nicht suchte, den Hauptwegen solches zu geben. Sehr häufig bleibt freilich der oft ausgesprochene Satz über das gleichmässige Gefälle der Hauptabfuhrwege eine blosse Theorie, die praktisch gar nicht auszuführen ist. Abgesehen von den Gefällwechseln, die sich durch die Vereinigung mit Nebenwegen ergeben, macht bei einigermassen schwierigem Terrain die Nothwendigkeit oder Zweckmässigkeit, bestimmte Punkte, wie z. B. Felsenpässe, Uebergänge über Bäche, Wiesen, Halbsättel und andere Brüche des Terrains festzuhalten und bei der Absteckung von ihnen auszugehen die Regel, dass man den Abfuhrwegen gleichmässiges Gefälle geben solle, wenigstens für längere Erstreckungen unanwendbar. Am meisten wird diese dann befolgt werden müssen, wenn das durchschnittliche Gefälle ein hohes ist. Jede streckenweise Minderung des Gefälles hat dann zur nothwendigen Folge, dass man an anderen Strecken das wünschenswerthe Maximum der Steigung überschreiten oder Curven einlegen muss. Bei einfachem Terrain wird unter solchen Verhältnissen die Anwendung gleichen Gefälles als unbedingt zu befolgende Regel gelten müssen. So ist es z. B. der Fall bei den Wegen No. 1—3 der Tafel II. Die Höhendifferenz zwischen dem Sattel f und den Ausgängen der Wege No. 1 und 2 beträgt ca. 280 Meter, zwischen ihm und dem Ausgange des Weges No. 3 70 Meter. Die horizontale Erstreckung des Weges No. 1 beträgt ca. 4000 Meter, diejenige des Weges No. 2 beträgt ca. 4000 Meter, diejenige des Weges No. 3 beträgt ca. 1200 Meter. Es ergeben sich sonach für den Weg No. 1 ein Durchschnittsgefäll von 7 $^0/_0$, für den Weg No. 2 ein Durchschnittsgefäll von $7°_0$, für den Weg No. 3 ein Durchschnittsgefäll von 6%. Es leuchtet ein, dass ohne Grund keiner der Wege erheblich verrückt werden kann. Felsen und sonstige Terrainschwierigkeiten können aber, auch wenn das durchschnittliche Gefälle ein hohes ist, Abweichungen verursachen. Der Weg No. 3 Tafel I hat ein durchschnittliches Gefälle von $6{,}5°_0$. Durchgehende Felsbänke gaben aber, wie schon Seite 3 hervorgehoben wurde, Veranlassung, diesem Wege zunächst 8,5 und $9°_0$ zu geben, damit er diese schwer zu bauende Felsenübergänge in Gemeinschaft mit Weg No. 2 horizontal passire, um dann wieder mit $7°_0$ zum Thalübergange f zu fallen. Ist das durchschnittliche Gefälle eines Abfuhrweges ein geringes, so hat man in Bezug auf die Wahl des Procentsatzes grössere Freiheit. Dass z. B. Weg No. 4 Tafel II Anfangs horizontal verläuft und dann mit 2 und $3°_0$ steigt, wird keiner Beanstandung unterliegen. Inwiefern ein Hauptabfuhrweg mit Rücksicht auf die Haupteintheilung zu ändern ist, wird später besprochen werden.

Nach denjenigen Wegen, welche die Höhen oder das Innere grösserer Waldcomplexe mit den bestehenden Communications-Anstalten verbinden, haben für die Holzabfuhr die Thalrandwege die allgemeinste Bedeutung. Sie werden seitens der Taxations-Commission, wofern das Terrain und die Grenze es gestatten, möglichst dem Rande des Waldes aufgelegt, so dass der Weg die Culturgrenze bildet zwischen Wald und Wiese oder Wald und Ackerland (conf. Seite 19—23. Hat aber ein Randweg nicht nur den Zweck, das senkrecht über ihm liegende Holz nach der Fallrichtung des Thales zu befördern, sondern soll er auch Holz von der das Thal begrenzenden Höhe unmittelbar aufnehmen oder geht der Holztransport auch aufwärts nach der anderen Seite dieser Höhe, so muss der Thalrandweg so construirt werden, dass er die Höhe, von welcher er Holz aufnehmen oder die er überschreiten soll, an demjenigen Sattelpunkte, welcher dem betreffenden Thale entspricht, erreicht. Von diesem muss dann bei der Absteckung ausgegangen und so lange mit dem thunlichst hohen Procentsatze abgesteckt werden, bis der Rand des Waldes, sei es mit, sei es ohne Curve, erreicht ist. Ein Beispiel für eine solche Wegconstruction, die als die unmittelbarste Verbindung zweier Thäler von allgemeiner Bedeutung ist, bietet Weg No. 1 Tafel I. Derselbe fällt von seiner Einmündung in die Strasse No. 5 mit $8\,^0/_0$ bis zum Punkte m, wo er sich dem Rande des Waldes auflegt und dann diesen thunlichst einhält.

II.

Nächst der Construction der Hauptabfuhrwege ist für den Wirthschaftsbetrieb die wichtigste und dieser deshalb unmittelbar folgende resp. gleichzeitig mit ihr zur Ausführung kommende Aufgabe des Forsteinrichtungsprojectes, Flächen von verschiedenartigen Standortsverhältnissen, die mindestens so gross sind, dass sie zur Bildung selbstständiger Wirthschaftsfiguren geeignet erscheinen, von einander abzuscheiden. Als Grenzen für die so zu bildenden einheitlichen Standortscomplexe sind in erster Linie die Haupthöhenzüge geeignet. Hinsichtlich der Rückenlinien gilt es als Grundsatz, dieselben möglichst getreu ihrem natürlichen Verlaufe zu projectiren und abzustecken. Der öfter gemachte Einwand, dass die Grenze zwischen den Bonitäten entgegengesetzter Hänge nicht auf der Höhenlinie, sondern unterhalb derselben, am besseren Hange liege, lässt keine Abweichung von diesem Grundsatze rathsam erscheinen. Abgesehen davon, dass sich die genaue Grenze für die Bonitätsverschiedenheiten nicht auffinden lässt und dass sich die Bonitäten überhaupt nicht nach regelmässigen geraden oder gebrochenen Linien sondern, so würde das Bestreben, in eine Wirthschaftsfigur nur Flächen von gleicher Standortsgüte zu bringen, zu einer Pedanterie führen, die dem Charakter unserer heutigen Forstwirthschaft noch gänzlich fremd ist. Auch die Rücksicht auf Fahrbarkeit begründet keine Abweichung von der ausgesprochenen Regel. Sind Rückenlinien theilweis fahrbar, so lassen sich die fahrbaren Stücke durch Einlegen von zu nivellirenden Verbindungswegen an Köpfen, Felsen etc. zur vollständigen Fahrbarkeit ergänzen.

Als der wichtigste und allgemeinste Zweck der Rückenlinien

wird die Trennung der Bonitäten gelten müssen. Nächst diesem kommt aber in Betracht, dass sie die natürlichen Grenzen für manche charakteristische Eigenthümlichkeiten des Standortes bilden, die in der Bonität nicht immer zum Ausdruck kommen, wie z. B. Frost und insbesondere Wind. Aus diesem Grunde sind nicht nur die Rücken der Haupthöhen, welche entgegengesetzte Expositionen trennen, sondern auch seitliche, die den Krümmungen der Thäler entsprechen, von grosser Bedeutung für die wirthschaftliche Eintheilung und werden principiell zu derselben verwendet. Sie bilden insbesondere in Nadelholzrevieren die nothwendigen Grenzen für die Hiebszüge, zumal dann, wenn die Hiebsführung von einem Seitenrücken aus nach verschiedenen Seiten geleitet werden muss.

Dieselbe Bedeutung wie die Rücken haben in Bezug auf die Scheidung verschiedener Bonitäten und Standortsbesonderheiten auch die Mulden. Ueber ihre Benutzung zur wirthschaftlichen Eintheilung gilt mut. mut. das über die Rückenlinien Gesagte. Hat die Mulde einen ständigen Wasserlauf in bestimmter Lage, so wird dieser als Begrenzung angenommen; fehlt ein solcher, so wird die Muldenlinie nach denselben Grundsätzen wie die Rückenlinie abgesteckt. Ist die Richtung der Mulde fahrbar und auf nur einer Seite durch einen Abfuhrweg aufgeschlossen; der auch das Holz von der gegenseitigen Wand aufnehmen soll, so gilt als Regel nicht die Thalrinne, sondern den nebenbefindlichen Weg als Grenze anzunehmen, weil sonst das zwischen Weg und Mulde befindliche Holz durch die den gegenseitigen Hang betreffenden wirthschaftlichen Operationen unnöthig gestört wird. Befindet sich dagegen jederseits der Mulde ein Abfuhrweg, oder wird das Holz der gegenseitigen Wand in einer anderen Richtung fortgeschafft, als nach dem gegenseitigen Muldenrandweg, so ist die Thalrinne als Districtsgrenze beizubehalten.

Zu der Klasse der standortstrennenden Linien gehören auch diejenigen Wege, welche, ausser der Holzaufnahme, noch den Zweck haben, Terrain von verschiedenen Abdachungsgraden von einander zu sondern. Das Plateau wird von dem unter ihm befindlichen Hang, dieser von der Ebene durch einen Weg, der dann meist Districtsgrenze ist, abgesondert. Je nachdem sich das betreffende Terrain von einander absetzt, werden auch solche Wege entweder genau dem scharfen Bruch aufliegend, oder gestreckt und mit Rücksicht auf rationelle Verbindung mit anderen Wegen projectirt und abgesteckt.

III.

Nachdem durch die Projectirung der Hauptabfuhrwege die rationelle Abfuhr gewährleistet, durch Projectirung der verschiedene Standorte trennenden Linien die erste Grundlage für die Eintheilung gelegt ist, erwächst dem Einrichtungsbeamten die weitere Aufgabe, diese durch Terrainlinien begrenzten einheitlichen Standortscomplexe so weiter einzutheilen, dass, wie These 3 aussagt, Wirthschaftsfiguren — bei uns Districte, in Süddeutschland Abtheilungen genannt — von zweckmässiger Grösse und Form gebildet und regelmässig aneinander gereiht werden. Damit diese Aufgabe gelöst werden könne, müssen Vorschriften über die durchschnittliche Grösse und wünschenswerthe Form der Districte gegeben sein, da hiervon die fernere Gestalt des Einrichtungsprojectes hauptsächlich bestimmt wird.

Die Grösse der Districte hängt vorzugsweise vom Terrain, der Grösse der Wirthschaftseinheit, der Intensität der Wirthschaft, der Holz- und Betriebsart ab. In coupirtem Terrain, wo die verschiedenen Expositionen und Standorte häufig wechseln, ergeben sich schon von selbst, durch Trennung des Nothwendigen, kleinere Districte, als an grossen gleichmässigen Hängen. Hat man es mit kleinen Wirthschafts- oder Besitzeseinheiten zu thun, so gebietet die Rücksicht auf die periodische Vertheilung der Holzerträge, die Districte nicht grösser werden zu lassen, als dass eine gleichmässige Ausstattung der Perioden stattfinden kann. In dem an den Idsteiner Stadtwald grenzenden Wald der Gemeinde Königshofen beträgt die durchschnittliche Grösse der 11 Districte 7 Ha, im Idsteiner Wald, der nahezu 1000 Ha umfasst, ist sie 18 Ha. Was ferner die Intensität der Wirthschaft betrifft, so bietet die

Geschichte der seitherigen Eintheilung sowie ihr gegenwärtiger Stand, sowohl für die Ebene wie für das Gebirge die gesetzmässige Erscheinung dar, dass die Grösse der Districte mit der Intensität der Wirthschaft abnimmt. Je mehr Arbeit in einen Wald hineingetragen wird, je mehr Material aus ihm abzusetzen ist, um so zugänglicher müssen die einzelnen Orte, um so kleiner die Districte sein. Die Nadelholz-, insbesondere die Fichten-Wirthschaft verlangt, wenn man nicht der Vorzüge der kleinen Schläge und des Schutzes der Culturen durch stehendes Holz verlustig gehen oder mehrere Perioden innerhalb eines Districts wirthschaften will, kleinere Districte als der Buchenbetrieb, obgleich auch hier häufiger die Nachtheile zu grosser als zu kleiner Wirthschaftsfiguren zu registriren sein werden. Diese letzteren geben der Wirthschaft mehr Beweglichkeit und gestatten bessere Schlagstellungen. In den zusammenhängenden Laubholzforsten der Provinz Hessen-Nassau betragen unter mittleren Verhältnissen für grössere Wirthschaftseinheiten die ungefähren Durchschnittsgrössen der Districte 15 Ha.

Was ferner die Form der Districte betrifft, so wird diese vorzugsweise bedingt durch den Charakter des Terrains und den Umstand, ob man Veranlassung hat, an Wegen möglichst zu sparen oder nicht. In steilem Terrain sind die Standortsverschiedenheiten zwischen den unteren und oberen Schichten der Berghänge bei gleicher Horizontal-Entfernung grösser, als in weniger steilem, weshalb es in Hinsicht auf Standorts-Einheit erwünscht ist, wenn bei ersteren die verticalen Seiten relativ klein sind. Bei mässig steilem Terrain giebt man in Hessen-Nassau den Wegen und Districtslinien einen solchen Abstand, dass sich ihre horizontalen Breitseiten zu ihrer Höhe etwa wie 5:3 verhalten. Als Normalfigur für die Grösse und Form der Districte könnte hiernach ein Rechteck von 500 und 300 Meter Seitenlänge angesehen werden.

Nach Maassgabe der über Grösse und Form der Districte getroffenen Bestimmungen geht nun die Tendenz des Einrichtungsbeamten dahin, einen gegebenen Terraincomplex, z. B. einen hohen

Berghang, mit einem System von Wegen so zu durchziehen, dass er in gleichmässig übereinander gelagerte Schichten zerlegt wird. Bei der Construction dieser Schichten und der weiteren Eintheilung derselben in Wirthschaftsfiguren muss nun insbesondere auf folgende Punkte Rücksicht genommen werden.

1. Die einzelnen Districte sollen möglichst wenig von der durchschnittlichen Grösse abweichen und eine regelmässige Form haben.

2. Die zur Begrenzung der Districte dienenden Wege sollen so construirt werden, dass sie eine rationelle Herbeischaffung des Holzes auf die Hauptwege ermöglichen.

3. Die zur Districtsbegrenzung dienenden Linien, Wege sowohl wie Schneisen, sollen als solche Zusammenhang haben und nicht ohne Grund unterbrochen werden.

4. Es soll nicht mehr Fläche zu Wegen und Districtslinien verwendet werden, als nöthig ist.

Es ist selbstverständlich, dass, sofern sich einzelne dieser Forderungen wechselseitig beschränken, nicht jeder einzelnen derselben völlig genügt werden kann.

Ueber die Construction der Districtswege, die das am meisten Charakteristische für unser Eintheilungs-Verfahren bildet, wodurch es sich von allen früher und in der Neuzeit zur Ausführung gekommenen Methoden der Eintheilung scharf und entschieden unterscheidet, ist noch Folgendes zu bemerken:

1. Sind die zu dem Zwecke der Holzabfuhr nach These 1 construirten Hauptabfuhrwege zur Districtseintheilung geeignet, ohne dass an ihrer mit ausschliesslicher Rücksicht auf die rationelle Holzabfuhr bestimmten Lage eine Veränderung vorgenommen zu werden braucht, so dienen sie natürlich in erster Linie als Districtswege. Bei regelmässigen Gebirgsbildungen wird dieser Umstand im Allgemeinen eintreten, wenn die Fallrichtung des Abfuhrweges mit derjenigen des unter ihm liegenden Thalzuges übereinstimmt und sein Gefälle von demjenigen dieses letzteren nicht sehr verschieden ist. Fällt ein Weg in anderer Richtung wie das unter ihm liegende Thal, so bildet er mit diesem und

der Axe des Bergzuges, in dem er liegt, Winkel, die den Anforderungen, die bezüglich der Form der Districte gestellt werden müssen, nicht entsprechen (conf. Weg No. 8 Tafel 2). Ist das Gefälle eines Thalzuges ein geringes, so nähert sich ihm der Hauptabfuhrweg, der mit ihm correspondirenden Fall hat, meist schneller, als es der Parallelität, wie sie zwischen den gegenüberliegenden Grenzen der Districte bis zu einem gewissen Grade bestehen muss, entsprechend ist. Denn im Gebirge, wo der verticale Abstand zwischen den Endpunkten der Abfuhrwege im Verhältniss zu ihrer horizontalen Entfernung meist bedeutend ist, wird es in der Regel das erste Princip jeder Wegconstruction, das Vermeiden unnöthiger Umwege, nothwendig machen, den Abfuhrwegen ein hohes Gefälle zu geben. Wird nun dies, wie es geschehen muss, eingehalten, so erhält der Weg, auch wenn er mit dem unter ihm liegenden Thalzuge correspondirenden Fall hat, eine spitzwinkelige Lage zu diesem sowohl wie zu dem Streichen des Hanges, der getheilt werden soll. Es würden, wollte man einen solchen Weg zur Eintheilung benutzen, ungleich grosse und schlecht geformte Districte entstehen, weil sich der Abstand zwischen dem Abfuhrwege und der Höhe, resp. dem Thale stetig verändert. Aus dem angegebenen Grunde ist z. B. Weg No. 2 Tafel II auf seiner ganzen Erstreckung zur Eintheilung unbrauchbar.

2. Sind die nach den früher angegebenen Grundsätzen projectirten Hauptabfuhrwege in der Lage, die ihnen mit ausschliesslicher Berücksichtigung auf eine rationelle Holzabfuhr gegeben ist, für die Eintheilung nicht wohl geeignet, so ist, bevor dieselben abgesteckt werden, zu untersuchen, ob ihnen nicht durch Veränderung ihres Gefälles eine Lage gegeben werden kann, in der sie, unbeschadet des Abfuhrzweckes, zur Eintheilung verwendet werden können. Diese Möglichkeit wird ausgeschlossen sein, wenn das durchschnittliche Gefälle eines Weges so hoch ist, dass man es nicht überschreiten will. An den Wegen Nr. 1, 2 u. 3 der Taf. II wird zu Gunsten der Eintheilung keine Veränderung ihrer Lage vorgenommen werden können, da jede Hebung oder Senkung entweder einen Umweg und eine Curve oder ein streckenweises

Ueberschreiten des Maximalgefälles zur Folge hat. Ist dagegen das durchschnittliche Gefälle eines Abfuhrweges ein geringes, so kann ein Wechsel desselben zum Zwecke der Herstellung einer guten Districtsgrenze sehr zweckmässig sein, um so mehr, als die durch einen solchen bewirkte Veränderung der Lage eines Weges auch hinsichtlich seiner Holzaufnahmefähigkeit, seines Abstandes von der Thalsohle und seiner gestreckten Lage von Vortheil sein kann. Diese letztere Rücksicht macht es im Allgemeinen wünschenswerth, dass die Abfuhrwege nach den seitlich vorliegenden Mulden stärkeren Fall haben, als nach den Rücken. In coupirtem Terrain kann hierdurch die Länge eines Weges sehr erheblich abgekürzt werden. — Um die spitzen Winkel, die Abfuhrwege mit der Thalsohle resp. der Strasse, der sie zugeführt werden, häufig bilden, abzuschwächen, giebt man den Abfuhrwegen in ihrem untersten Verlaufe ein stärkeres Gefälle, als das durchschnittliche. Da ferner in gebirgigem Terrain ein Weg fast nur für das über ihm liegende Holz von Bedeutung ist, so ist es insbesondere in steilem Terrain und bei nicht tief eingeschnittenen Sätteln zweckmässig, wenn er sich von den Höhen rasch entfernt, weshalb man ihm in seinem obersten Verlaufe ein höheres Procent giebt, als das durchschnittliche. Ein Beispiel eines Hauptabfuhrweges, dessen Gefäll mit Rücksicht auf die Eintheilung geändert wurde, bietet Tafel I. Der Weg No. 2 würde, wenn man ihn vom Punkte g ab, bis wohin das gebaute Stück beibehalten wurde, mit gleichmässigem Gefälle bis zum Ausgange d abgesteckt hätte, in seinem mittleren Laufe etwa 100 m tiefer liegen. Dass er, indem man ihm vom Punkte g ab erst gering, mit etwa $2\,^0/_0$, nach dem Ausgange d hin aber stärker mit 5 u. 6 $^0/_0$ fallen liess, die Lage erhielt, wie er sie jetzt hat, ist insbesondere mit Rücksicht darauf geschehen, dass der Hang, welchen er theilen soll, in möglichst gleiche Hiebszüge zerlegt wird.

3. Durch die Correctur der Hauptabfuhrwege werden indessen insbesondere in hohen und steilen Gebirgscomplexen, wo die Abfuhrwege in der Regel ein hohes Procent haben müssen und Procentwechsel nur geringe Veränderungen der horizontalen

Lage bewirken, selten sehr erhebliche Abweichungen von der mit ausschliesslicher Rücksicht auf rationelle Holzabfuhr bestimmten Lage der Hauptwege bewirkt werden. Stets wird bei diesen der Zweck der Holzabfuhr als der wichtigere vorangestellt und diesem entweder das Opfer einer ungleichen Districtsbildung oder einer Wegvermehrung gebracht werden müssen. Anders verhält es sich mit den Nebenwegen. Sie werden Seitens unserer Taxations-Commission principiell so construirt, dass sie für die Districtseintheilung eine möglichst günstige Lage haben. Diese Regel ist zunächst von Einfluss auf die Einführungsstellen der Neben- in die Hauptwege. Wird eine Districtsschichtengrenze aus einem Haupt- und einem Nebenwege zusammengesetzt, so muss der letztere, sofern nicht schwierige Terrainverhältnisse zu einer sehr sorgfältigen Auswahl der Curvenplätze nöthigen, dem ersteren da eingeführt werden, wo dieser aufhört, selbst eine passende Begrenzung abzugeben. An gleichmässigen Hängen wird dies meist von dem Abstande des Abfuhrwegs von der begrenzenden Höhe, dem Thale oder der nächsten Districtsschichtengrenze abhängen, wie z. B. bei den Wegen No. 1 und dem Districtswege im Seelbacher Gemeindewalde der Tafel II. In coupirtem Terrain, wo seitliche Rücken und Mulden häufig mit einander wechseln, sind die Schnittpunkte der Hauptwege mit diesen meist die geeignetsten Stellen zur Aufnahme der Nebenwege. Durch ihre Benutzung wird der Vortheil erreicht, dass man die Districtsschichtengrenzen möglichst strecken und den Districten eine bessere Form und gleichmässigere Flächengrösse geben kann, als wenn man irgend welche anderen Punkte dazu verwendet. Denn da durch eine seitliche Mulde, die ein am Hange eines einzutheilenden Gebirgszuges hinziehender Districtsweg überschreiten soll, dieser der begrenzenden Höhenlinie in horizontaler Richtung mehr genähert wird, als es für eine gute Districtsgrösse und Form wünschenswerth ist, so ist es im Allgemeinen vortheilhaft, wenn der Districtsweg nach der Mulde hin Fall hat. Nachdem aber ein fallender Weg eine Mulde überschritten hat, hört er, weiterhin fallend, auf, für die Districtseintheilung geeignet zu sein, weil er alsdann zu stark nach der unteren Seite des zu theilenden Hanges gerichtet ist und mit den vertikalen Theilungslinien zu spitze Winkel bildet. Umgekehrt ist es vortheilhaft für die Grösse und Form der Districte, wenn der Districtsweg nach einem ihm vorliegenden Rücken hin Steigung hat und von demselben fällt. Da nun einem einzelnen Wege kein wechselndes Gefälle gegeben wird, so muss in coupirtem Terrain die gestreckte Lage der Districtsschichtengrenzen durch das Einfügen von Verbindungswegen zwischen mehreren Abfuhrwegen bewirkt werden. Tafel I gibt ein Beispiel einer solchen häufig vorkommenden Wegkonstruction. Der Weg No. 8, welcher gleichmässig von dem Brechpunkte des Rückens e zur Strasse No. 5 fällt, ist nur bis zur Mulde bei h zur Eintheilung brauchbar. Nachdem er diese überschritten hat, liegt er zu tief, um ferner noch den Hang, den er in zwei Hiebszüge zerlegen soll, gleichmässig zu theilen. Andererseits ist der Weg No. 7, welcher die Verbindung der Strasse No. 5 mit dem Hauptsattel herstellt, nur soweit er von dem Seitenrücken Fall hat, zum Districtsweg geeignet. Die Herstellung einer fortlaufenden Districtsschichtengrenze musste deshalb durch Einlage eines Verbindungsweges bewirkt werden, der von dem Rücken i zur Mulde h mit 7 % hinabfällt. Der den westlichen Hang des auf Tafel I dargestellten Complexes theilende Wegzug besteht sonach aus Theilen dreier verschiedener Wege, nämlich:

1. dem Stück eh des Weges No. 8
2. dem Stück ik des Weges No. 7
3. dem Verbindungsweg No. 9.

Diese Verbindung von Haupt- und Nebenwegen zum Zwecke der Eintheilung, wie auch die früher besprochene Correctur der Hauptwege werden zur Genüge den Nachweis erbringen, dass nach unserem Eintheilungsverfahren eine Wegnetzlegung ohne gleichzeitige Bewirkung der Eintheilung nicht ausführbar ist. Eine Trennung beider Arbeiten ist unmöglich, weil jede durch die andere beeinflusst wird.

So verschiedenartig die Construction der Districtswege je nach den concreten Verhältnissen auch ist, stets wird dahin gestrebt, sie so ineinander zu fügen, dass fortlaufende Grenzlinien und regelmässig übereinander gelegene Districtsschichten gebildet werden. Ebenso soll durch die Construction der vertikalen Eintheilungslinien Ordnung und Zusammenhang in das Project der Eintheilung gebracht werden. Es müssen deshalb diese Linien, wenn auch nicht mit starrer Consequenz durch die verschiedenen Districtsschichten eines Terraincomplexes sich fortsetzen und auf den Höhen und in den Thalzügen aneinander anschliessen. Liegen in dem zu bearbeitenden Terrain seitliche Rücken und Mulden, so werden diese zur Districtseintheilung auch dann benutzt, wenn sie keine Standortsverschiedenheiten absondern und also auch nicht unter die Kategorie derjenigen Linien fallen, von denen früher gesprochen wurde. Wenn man zwischen seitlichen Rücken und Mulden die Wahl hat, zieht man erstere vor. Meist liegen indessen die Verhältnisse so, dass die Frage, ob man einen Rücken oder eine Mulde im einzelnen Falle zur Districtseintheilung verwenden soll, gar nicht aufgeworfen zu werden braucht, weil die Rücksicht auf den gegenseitigen Anschluss der Theilungslinien und die Bildung angemessener Districtsgrössen im concreten Falle die Auswahl der Linien genügend bestimmen.

Durch das Projectiren des Wegenetzes lassen sich häufig neben der Eintheilung des Waldes noch andere cultur-technische Zwecke erreichen, die im Vorausgegangenen noch keine Erwähnung gefunden haben; so insbesondere die Regulirung der Grenze zwischen verschiedenen Culturarten, einerseits dem Walde, anderseits Ackerland oder Wiesen. — Sowie zur horizontalen Eintheilung des Waldesinneren in Districte am besten Weglinien verwendet werden, so sind diese auch die geeignetste Begrenzung verschiedener Culturbezirke. Die Vortheile, welche sich hierdurch erreichen lassen, sind sehr in die Augen fallend. Liegt die Culturgrenze auf Wegen, so können diese von den beiderseitigen Eigenthümern ohne Umstände und Beschwerlichkeit benutzt werden; der Schatten des Waldes wird von der anliegenden Wiese resp. dem Acker ferngehalten und die Production der landwirthschaftlich benutzten Flächen vermehrt; der Weg hat mehr Sonne und Luft, hält sich trockener und bedarf geringerer Unterhaltungskosten, als wenn er auf beiden Seiten von hohem Holze begrenzt wird.

Maassgebend für das Projectiren der zu Culturgrenzen bestimmten Wege ist in erster Linie die Lage der agrarischen Verhältnisse. Wo die Zusammenlegung der angrenzenden Feldgemarkungen bereits stattgefunden hat, oder wo eine solche, wie bei vorherrschendem Kleingrundbesitz, nicht zu erwarten resp. nicht zu wünschen ist, da ist der Culturtechniker an die bestehenden Grenzverhältnisse gebunden. Veränderungen derselben können dann entweder gar nicht oder nur mit Schwierigkeit vorgenommen werden. Die zur Trennung von Wald und Feld bestimmten Wege müssen dann, auch mit Opfern hinsichtlich des Gefälles, thunlichst auf die vorhandenen Grenzen gelegt werden. Springen landwirthschaftlich benutzte Flächen in den Wald ein, so müssen die zum Uebergange des Weges über dieselben nöthigen Flächen acquirirt werden. Die Erwerbung der oberhalb dieser Uebergänge verbleibenden Wiesen oder Ackerparzellen resp. eine Vertauschung derselben gegen unterhalb des Randweges liegende Waldstreifen, wird für die Folgezeit in Aussicht genommen und ist von den Verwaltungsbeamten im Wege gütlicher Vereinbarung anzustreben.

Diese Lage der agrarischen Verhältnisse ist die für die Regulirung der Culturgrenzen ungünstigste. Die Verkoppelungen der Feldgemarkungen sind meist ohne genügende Rücksicht auf die Bedürfnisse des Waldes ausgeführt; es ist in der Regel weder auf eine rationelle Grenzregulirung von Wald und Feld, noch auf die rationelle Fortführung der Holzabfuhrwege durch die Feldgemarkungen Bedacht genommen. Damit solche Mängel in der Folge thunlichst vermieden werden, ist es deshalb unerlässlich, dass da, wo die Verkoppelungen noch in der Ausführung begriffen sind, oder noch bevorstehen, die Forst- und Zusammenlegungsbehörden gemeinsam wirken, dass insbesondere die Abgrenzung zwischen Wald und Feld, und die Fortführung der Holzabfuhrwege des

Waldes durch die zu regulirenden Feldgemarkungen von beiden Seiten gemeinsam festgesetzt werden.

Am günstigsten liegen die Verhältnisse in Beziehung auf die Regelung der Culturgrenzen, wenn das zu regulirende Gelände in einheitlichem Besitze sich befindet. Solche Verhältnisse liegen gegenwärtig in einigen Hessischen Oberförstereien vor, wo der Forstfiskus vom Walde umschlossene frühere Domanial- resp. Privatländereien von grösserer Ausdehnung käuflich erworben hat. Diese vom Walde umgebenen Ackerländereien mit mittelmässigem Boden rentirten seither schlecht, weil sie von den Ortschaften weit abliegen und hohe Betriebskosten verursachten. Mit dem angrenzenden Walde im Zusammenhange können sie mit grösserem Vortheile bewirthschaftet werden, weil sie, den anstossenden Schutzbezirken zugelegt, mit geringen Betriebskosten bewirthschaftet werden können, weil das Wegnetz des Staatswaldes ohne Acquisitionskosten durchgeführt und die Culturgrenze besser als vorher geregelt werden kann.

Maassgebend für die Bestimmung der Culturart ist hier in erster Linie die allgemeine ökonomische Erwägung, ob eine Vermehrung oder Verminderung der einen oder anderen Culturart im Interesse der allgemeinen Landescultur liegt. Dass eine absolute Vermehrung des Waldareals für unsere Provinz kein Bedürfniss ist, bedarf keines Nachweises durch Zahlen. Hessen-Nassau hat ca. 40 % Wald, die mehr Holz produciren können, als mit gutem Erfolge absetzbar ist; an Futter und Streumaterial herrscht dagegen nach jeder mittelmässigen oder schlechten Ernte wirklicher Mangel. Da nun in der Folge durch die Aufforstung von Hochlagen und anderer Flächen mit absolutem Waldboden noch eine locale Vermehrung des Waldareals zu erwarten steht, da ferner die Holzproduction nach Ablösung der Servituten und durch die Fortschritte im Culturbetriebe noch gesteigert werden kann, so unterliegt es keinem Zweifel, dass im grössten Theile dieser Provinz Ländereien, die ihren physikalischen Eigenschaften nach zu Ackerland oder Wiese geeignet sind, als solche besser rentiren wie als Wald. Geleitet von dieser allgemeinen Tendenz sucht deshalb der Culturtechniker alle diejenigen Flächen, die zur Anlage von Wiesen resp. Ackerland tauglich sind und deren Aufforstung zur Herstellung eines Schutzes gegen physische Calamitäten nicht erforderlich ist, vom Waldareale abzuschneiden. Für die weitere Ausführung dieser Arbeiten kommen die Factoren des Standortes in Betracht. Von Einfluss ist vor Allem die relative Höhenlage. Die Rücken und obern Theile der Berghänge sind einestheils wegen der geringen Fruchtbarkeit, anderentheils damit das rasche Abfliessen des Wassers verhindert wird, stets dem Walde zu erhalten. Wo es sich um höhere Berghänge handelt, sind die oberen zu bewaldenden Theile derselben von den unteren, landwirthschaftlich zu benutzenden durch einen Weg zu trennen, der dann nach denselben Grundsätzen, wie der Districtsweg im Inneren des Waldes zu construiren ist. — Die Exposition ist insofern von Einfluss auf die Abgrenzung der Culturarten, als die kühleren nördlichen Lagen relativ besser zur Waldanlage, die sonnigeren zu Feld, Wiese und Obstbaumzucht geeignet sind. Die Grenzen der Culturbezirke werden sonach vielfach auch durch Terrainlinien gebildet, die hier dieselbe Bedeutung haben, wie hinsichtlich der Scheidung verschiedener Bonitäten im Walde selbst. Endlich ist auch noch die Abdachung ein die Culturart bestimmendes Moment, da nur Flächen mit geringem oder mässig steilem Neigungsgrade für landwirthschaftliche Benutzung geeignet sind. Thäler mit schmaler Sohle und steilen Wänden sind für die Anlage von Wiesen und Feld kein taugliches Gebiet. Sehr gut sind dagegen Mulden mit breiter Sohle dazu geeignet. Der letztere ist dann der zur Begrenzung des Waldes dienende Weg da aufzulegen, wo der Berghang für die landwirthschaftliche Bebauung zu steil ist.

Für die weitere Frage, ob das zu landwirthschaftlicher Benutzung ausgeschiedene Gebäude zu Acker oder Wiese umgewandelt werden soll, ist insbesondere die Möglichkeit der Bewässerung ausschlaggebend. Es ist deshalb vor der definitiven Absteckung der die Culturarten trennenden Wege ein provisorisches Nivellement auszuführen, auf Grund dessen ersehen werden kann, ob von den nächstgelegenen Bächen, Quellen, Teichen etc. eine Wasserleitung nach den event. Wiesenflächen bewirkt werden kann. — Auch auf die Regulirung des Wassers lässt sich beim Projectiren des Wegenetzes eine günstige Wirkung ausüben. Je offener in neuerer Zeit die nachtheiligen Folgen der den raschen Wasserabfluss befördernden Processe, der Stromvergradungen, der Entwaldungen, Entwässerungs-Anlagen, Kahlhiebswirthschaft am ungehörigen Orte hervorgetreten sind, um so bedeutungsvoller werden diejenigen Thätigkeiten, welche darauf hinzielen, den Abfluss des Wassers nach starken Regengüssen etc. zu hemmen und das allmälige Einsickern desselben in den Boden zu befördern. Wie beim Wegebau, beim Culturbetriebe und durch besondere Vorrichtungen in unserer Provinz auf die Erhaltung des Wassers eingewirkt wird, ist kürzlich in einer diesen Gegenstand ausschliesslich behandelnden Brochüre dargelegt worden.*) Beim Projectiren der Wege lässt sich auf dieselben dadurch einwirken, dass man die Uebergänge über Mulden, Wasserrisse etc. an Stellen legt, wo der Wegdamm dem Andringen des Wassers nach Regengüssen genügend Widerstand entgegensetzt und nicht von einem Canal durchstochen zu werden braucht. In Mulden mit ständigen Wasserläufen bietet sich hierdurch zur Einrichtung von ständigen Teichen Gelegenheit, welche in der trockenen Jahreszeit an die Luft und den Boden Feuchtigkeit abgeben, zur Bewässerung benachbarter Wiesen dienen und auch zur Fischzucht verwendet werden können.

---

*) O. Kaiser, zur Wasserstandsfrage und Wasserpflege. 1879.

Zweites Kapitel.

Die Ausführung der Forsteinrichtungsprojecte.

1. Personal.

Zunächst sind hier einige Bemerkungen über das ausführende Personal am Platze. Dass es entschieden den Vorzug verdiene, wenn die Wegnetzlegung und wirthschaftliche Eintheilung grösserer Reviere durch ständige Commissionen ausgeführt werden, während die Organe der Verwaltung gehalten sind, an der sachgemässen Ausführung aller materiellen Angelegenheiten mitzuwirken, wurde schon gelegentlich der Wiesbadener Forstversammlung ausgesprochen und allgemein anerkannt. Für die ausführenden Glieder unserer Taxations-Commission sind körperliche Rüstigkeit, Ausdauer im Ertragen von Strapatzen, Umsicht und Orientirungsgabe, Lust und Liebe zur Sache, die nothwendigsten moralischen und intellectuellen Eigenschaften, ohne die man Jemanden ebensowenig zur Ausführung eines Weg- und Eintheilungsnetzes befähigen wird, als man einen Menschen auf künstliche Weise zu einem guten Jäger machen kann. Es ist deshalb auch keine Uebertreibung, wenn Seitens des Taxations-Commissars behauptet wird, kaum 10 % der Preussischen Forst- und Oberförster-Candidaten sei auf die Dauer zur Ausführung dieser Arbeiten geeignet. Diese letzteren bedürfen ferner mehr technische Vorbereitung, als nach Vollendung der allgemeinen forstlichen Ausbildung zu irgend einer anderen forstlichen Beschäftigung erforderlich ist. Es gilt deshalb in unserer Taxations-Commission als Regel, dass nur solchen Personen die selbständige Ausführung der Einrichtung einer oder mehrerer Oberförstereien übertragen wird, welche zuvor zwei Jahre lang unter Leitung älterer Collegen mit solchen Arbeiten beschäftigt waren und dabei Neigung und Befähigung zu denselben bewiesen haben. Grundsatz ist es, dass alle Glieder von der Pike an dienen und alle die Wegnetzlegung und Eintheilung betreffenden Functionen eine Zeit lang selbst vollziehen. Auf die Dauer sind indessen zu den mechanischen Arbeiten des Nivellirens, Absteckens und Versteinens Personen von niederem Bildungsgrade besser geeignet als Gebildete. Gegenwärtig verwenden wir zu denselben hauptsächlich Jägerlehrlinge, Aspiranten des niederen Forstdienstes, welche nach dem zurückgelegten 14. Lebensjahre in die Taxations-Commission eintreten und vier Jahre lang darin verbleiben. Sie beziehen ein Tagegeld von 1,5—2,4 Mk. Sobald uns indessen eine genügende Anzahl geschulter Hülfsjäger zu Gebote stehen wird, werden diese, die ihrem Alter und ihren sonstigen Verhältnissen nach am besten zu solchen Geschäften qualificirt sind, an die Stelle der älteren Lehrlinge treten und diese letzteren erst nach ihrem 16. Lebensjahre, nachdem sie zuvor eine zweijährige anderweitige forstliche Lehrzeit absolvirt haben, eintreten, was sich um so mehr empfiehlt, als die mit solcher Beschäftigung verbundene unregelmässige Lebensweise der körperlichen und geistigen Entwickelung allzu junger Menschen nicht förderlich ist.

2. Hülfsmittel.

Der Hülfsmittel, welche wir zu der Forsteintheilungs- etc. etc. Arbeiten bedürfen, sind es nur wenige. Sie bestehen in Karten und einigen Instrumenten. An Karten sind erforderlich:

1. Eine Niveaukarte mit Höhencurven. Solche besitzen wir für alle Theile von Hessen und Nassau im Maassstabe von 1:25000. Die hessischen Karten geben die Höhen von 18 zu 18 Meter, die nassauischen von 10 zu 10 Meter. Der hauptsächlichste Zweck dieser Karten besteht darin, dass sie ein getreues Bild des Terrains und aller derjenigen Verhältnisse gewähren sollen, die auf ein Waldwegnetz von Einfluss sind, insbesondere also der Landstrassen, Communicationswege, Eisenbahnen, der Hauptabsatzorte, des umliegenden Ackerlandes etc. Diesem Zwecke entsprechen Karten von kleinerem Maassstabe besser als grössere, die doch nicht so anzufertigen sind, dass ein grosses Netz im Zusammenhange auf ihnen übersehen werden kann. Eine Uebertragung der Horizontalen auf die Specialkarten resp. eine detaillir-

tere Aufnahme der Höhen, als wir sie besitzen, hat sich bei uns nicht als erforderlich und zweckmässig erwiesen. Wo es ausnahmsweise darauf ankommt, das Niveau etc. eines Weges sehr genau darzustellen, werden besondere Nivellements in grösserem Maassstabe entworfen.

2. Ausserdem sind noch Karten erforderlich, welche die seitherige Eintheilung ersehen lassen und die gross genug sind, um zur planimetrischen Flächenermittelung verwendet zu werden. In Hessen werden 5000theilige Specialkarten dazu verwendet, in Nassau sind 10theilige Karten vorhanden, welche zu diesem Zwecke sehr geeignet sind. Da man beide Arten von Karten zur Orientirung, zum Arbeiten im Walde und im Zimmer, zur Vorlage an höhere Behörden häufig bedarf, so empfiehlt es sich, vor Beginn der Arbeiten eine genügende Anzahl von pausleinenen Kartencopien während des Winters anfertigen zu lassen.

Die Absteckung der Wege geschieht mit dem bekannten Boseschen Nivellirinstrument, das unseres Erachtens zu Arbeiten von grosser Ausdehnung vor allen anderen Instrumenten den Vorzug verdient. Zum Strecken der Wege, zum Abstecken der Schneisen und der Wege der Ebene sind gut gearbeitete Absteckstäbe erforderlich; zu den Sicherungs-Arbeiten bedarf man Visirkreuze und zum Steinsatz metallene Senkel.

3. Orientirung.

Die wichtigste der vor den Absteckungen der Wege etc. etc. auszuführenden Arbeiten ist die örtliche Orientirung. Eine umsichtige und gründliche Orientirung fördert den späteren Gang der Arbeiten ungemein. Die Orientirung bedarf indessen selbst wieder Vorstudien. Was Riehl in seinem Wanderbuche vom Reisenden fordert, dass er vor dem Antritte seiner Reise über die Verhältnisse des Landes, das er bereisen will, besser unterrichtet sei, als die Mehrzahl seiner Bewohner, kann auch auf die Orientirungstouren des Forsteinrichters angewandt werden. Die wesentlichste Vorstudie vor der örtlichen Orientirung ist eine genaue Einsichtnahme der Terrainkarten, der Eigenthumsverhältnisse, des

Absatzes etc. Auf Grund derselben macht man gewöhnlich ein provisorisches Project mit leicht zu löschenden Linien auf die Conceptkarten. Für sich allein, ohne nachfolgende örtliche Orientirung haben indessen solche Kartenprojecte wenig Werth, weil viele Verhältnisse, welche auf das Eintheilungsproject von Einfluss sind, auf den Karten nicht genügend dargestellt werden können. So kann z. B. der Zustand der vorhandenen Wege aus der Karte nicht ersehen werden; es treten ferner einzelne Verhältnisse, wie z. B. Sümpfe, Geröll, Felsen, auf den Karten nie so wie man sie zum Entwurfe des Weg- und Eintheilungsprojectes kennen muss, hervor.

Bei der örtlichen Orientirung begeht der Forsteinrichtungsbeamte, mit Terrain- und Specialkarten versehen, die Haupthöhen und Thalzüge, untersucht den Charakter des Terrains, die Lage der Sättel, den Zustand der vorhandenen Wege und Schneisen, und gelangt so zu einem Urtheile, ob er das provisorisch entworfene Project im Wesentlichen verwirklichen kann resp. welche Veränderungen derselben durch den Zustand der vorhandenen Wege etc. etc. veranlasst werden. Die für die Eintheilung und das Wegnetz wichtigsten Punkte: Haupthöhen- und Thalzüge, Sättel, Wegausgänge, Curvenplätze werden in die Karte eingetragen. Auf Grund des so gewonnenen Materials wird dann das Project der Eintheilung entworfen.

4. Die provisorische Absteckung.

Erst nachdem der Forsteinrichter über alle das Wegnetz und die Eintheilung betreffenden Verhältnisse im Klaren und von der Durchführbarkeit seines Projectes überzeugt ist, nachdem er auch die Möglichkeit etwaiger anderer Projecte geprüft hat, wird zur Absteckung geschritten. Durch voreiliges Abstecken und unnöthige Versuche werden Kosten und Zeit vergeudet. Es empfiehlt sich für die Organisation der Arbeit, das Arbeitsfeld in Abschnitte zu zerlegen und jedem Hülfsarbeiter, der eine Absteckung ausführen soll, einen solchen Abschnitt zu überweisen. Dem Hülfsjäger, Forstcandidaten oder Jägerlehrling, der das Nivellirinstrument führt, wird ein Scheibenführer und zwei Arbeiter, die Hindernisse zu beseitigen und die abgesteckten Linien zu verpfählen haben, zugetheilt. Maassgebend für den Gang der Absteckungen sind die im ersten Kapitel dargelegten Grundsätze, die beim Abstecken ebenso wie beim Projectiren, nur mehr im Detail und mit grösserer Sorgfalt zur Anwendung gebracht werden. Was zunächst die gegenseitige Folge der Absteckungen betrifft, so liegt es in der Natur der Sache, dass die Hauptwege vor den Nebenwegen, die Haupthöhenlinien vor den Schneisen, welche von ihnen ausgehen, abgesteckt werden. Scharf zu trennen sind indessen die Absteckungen der einzelnen Theile des Netzes nicht, wie schon daraus hervorgeht, dass ein Nebenweg auch die Lage des Hauptweges, dem er zugetheilt wird, beeinflusst.

Als Ausgangspunkt für die Absteckung der Hauptwege sind zunächst die beiden Endpunkte derselben gegeben. Den unteren bilden die geeignetsten Punkte bestehender Strassen etc., den oberen die Sättel der Höhen. Erstere müssen so gewählt werden, dass der projectirte Weg in einem entsprechenden Bogen der Strasse etc. mit den geringsten Bauschwierigkeiten zugeführt werden kann. Als Sattel wird in der Regel der tiefste Punkt der abgesteckten Höhenlinie angenommen. Von ihm aus geht die Absteckung Anfangs in gestreckter, dann in der durch das Procent des Projectes vorgeschriebenen Richtung. Für die weitere Absteckung sind:

1. Die Rücksicht auf guten und billigen Bau der Wege;
2. Die Rücksicht auf rationelles Gefälle;
3. Die Rücksicht auf eine gestreckte Lage —

die maassgebenden Momente. Die Rücksicht auf guten billigen Ausbau hat um so mehr Einfluss auf die Weglage, je grösser die Schwierigkeiten sind, welche sich ihm entgegenstellen. Unter coupirten Terrainverhältnissen ist man oft genöthigt, gewisse Punkte aufzusuchen, von ihnen als gegebenen Festpunkten bei der Absteckung auszugehen und das Gefälle in erster Linie durch sie bestimmt sein zu lassen. Solche Fixpunkte sind z. B. in felsigem

Terrain die am leichtesten zu bauenden Felsendurchgänge, bei starken Bächen mit steilen Ufern die am leichtesten zu überbrückenden Uebergänge. Ebenso können Felsgerölle und Sümpfe Veranlassung geben, den Weg über oder unter seiner dem Gefälle am besten entsprechenden Lage zu legen. — Die Rücksicht auf das letztere übt um so mehr Einfluss auf die Weglage, je grösser die Höhendifferenz zwischen Aus- und Eingang resp. zwischen zwei durch das Terrain vorgeschriebenen Fixpunkten im Verhältnisse zu ihrer horizontalen Entfernung ist. Ist das Gefälle nahe der Grenze, die man nicht überschreiten will, so ist es bestimmend für die Lage des ganzen Weges (conf. Kapitel 1 Seite 15). — Die Rücksicht auf gestreckte Lage ist insbesondere von Einfluss, wenn der Weg, genau nach dem Terrain abgesteckt, zu viel Krümmungen und Winkel erhält, was einerseits durch vorliegende kleinere scharfe Rücken und Mulden bewirkt wird, andererseits bei einem ins Ebene übergehenden Terrain der Fall ist.

Einen weiteren und zwar sehr wesentlichen und allgemeinen Einfluss auf Gefäll und Lage des Weges üben die Curven. Die Curven können insofern zu Bedenken bei der Absteckung Veranlassung geben, als die Art, wie sie zu bauen sind, oft durch Verhältnisse mitbedingt ist, die zur Zeit der Absteckung nicht übersehen werden können. Bei manchen Nebenwegen ist es oft zweifelhaft, ob sie überhaupt mittelst Curven den Hauptwegen einzuführen, oder ob sie nur als Schlitt- und Schleifwege auszubauen sind. In anderen Fällen kann der Radius, der von der Länge des zu erziehenden Holzes resp. der zu verkaufenden Sortimente abhängt, nicht definitiv bestimmt werden; indessen lässt sich eine mit geringem Radius gebaute Curve ohne grosse Schwierigkeit verbreitern.

Die wichtigste Aufgabe der Absteckung besteht in Hinsicht der Curven zunächst im Aufsuchen eines guten Curvenplatzes. Je steiler und zerrissener das Terrain, um so mehr wird dieser bestimmend für die Lage der von ihm ausgehenden Wege. Die Verhältnisse sind in dieser Beziehung zu mannichfaltig, als dass sich bestimmte Regeln über die Wahl des Curvenplatzes geben liessen. Stumpfe Rücken und weite Mulden eignen sich in der Regel gut dazu, erstere insbesondere an den Brechpunkten ihres Gefälles, wo sie sich zu Halbsätteln oder ähnlichen Terrainbildungen gestalten. Die Benutzung solcher Linien bietet zugleich den äusserlichen Vortheil, dass man dann auf die einfachste Weise die Districtslinie auf die Treffpunkte der Wege führen kann. Sind indessen die Rücken felsig und die Mulden enge, so muss man an den Hängen geeignete Stellen aufsuchen. Sind letztere nur schwach geneigt, so hat dies keine weitere Schwierigkeit; an steilen Hängen muss dagegen mit grosser Umsicht hierbei verfahren werden, weil die Kosten für den Curvenbau mit der Zunahme der Abdachung sehr bedeutend steigen.

Nachdem das Lokal für den Bau der Curve aufgesucht ist, kommt es, um eine richtige Absteckung zu bewirken, darauf an, die Lage des Mittelpunktes der Curve zu den Wegarmen richtig zu bestimmen. Wir beschränken uns darauf, die in unserer Praxis am häufigsten vorkommenden Fälle kurz anzudeuten. Ist das Terrain, da sich mehrere Wege treffen, ziemlich eben, so dass die verschiedenen Wegarme nur geringes Gefälle haben und in starken Winkeln auseinandergehen, wie es z. B. meist in breiten Sätteln der Fall ist, so kommt es nur darauf an, die aneinanderstossenden Wegränder gegen einander abzurunden. Die Grenze, bis zu welcher eine solche Abrundung möglich ist, hängt von dem Radius und zulässigen Gefälle des Weges in der Curve ab, das 5 % in der Regel nicht überschreiten sollte. Sobald indessen das Terrain so steil wird, dass eine solche Abrundung mit einem genügenden Radius und entsprechenden Gefälle nicht mehr stattfinden kann, muss die Curve über den Treffpunkt der Wege hinausgeführt und durch Auf- und Abtrag hergestellt werden. Es wird zu diesem Zwecke bei der provisorischen Absteckung das Einlegen eines Horizontalstückes erforderlich, dessen Länge von der Zahl der sich kreuzenden Wegarme und dem Radius der Curve abhängig ist. Treffen vier Wege zusammen und soll von jedem derselben nach allen Richtungen hin gefahren werden können, so muss der Mittelpunkt der Curve symmetrisch zu beiden

Wegpaaren liegen und das gesammte Niveau der Curve horizontal sein. Das einzulegende Horizontalstück hat deshalb die doppelte Länge des Radius der Curve. Da indessen unsere Curven in der Regel mit senkrechter Abtragswand, dagegen mit Böschung im Auftrage hergestellt werden, so muss der Mittelpunkt von der Niveaulinie nach der Bergseite hin liegen. Wie viel sein Abstand von jener beträgt, ist im Einzelfalle zu taxiren. — Gehen von der Curve nur drei Wegarme aus, so liegt ihr Mittelpunkt zwischen den beiden sich spitz treffenden Wegschenkeln. Er liegt dem Mittelpunkte um so näher, je steiler das Terrain ist. Aus dem oben angegebenen Grunde liegt auch hier der Mittelpunkt nicht in der Mitte zwischen jenen zwei Schenkeln, sondern dem oberen näher als dem unteren. — Die Absteckung der Curven geschieht derart, dass man um den Mittelpunkt einen Kreisbogen schlägt und diesen durch einen Gegenbogen (dessen Mittelpunkt ausserhalb der Curve liegt) mit den Rändern der Wegarme, so dass diese Tangenten zu jenem werden, verbindet. — Mit Rücksicht auf die vorstehend angegebenen Verhältnisse müssen nun die Horizontalstücke bei der Wegabsteckung so gelegt werden, dass die Erdbewegung beim Curvenbau eine thunlichst geringe ist. Um dies zu beurtheilen, genügt in der Regel der praktische Blick; selten bedarf es genauer Berechnungen.

Durch die Horizontalstücke der Curven, durch die Uebergänge über Bäche etc. (die horizontal oder mit geringem Gefälle abgesteckt werden), durch das Strecken der Wege von Mulde zum Rücken und umgekehrt, ergeben sich mannichfache Wechsel im Gefälle. Die Uebergänge von einem zum anderen Gefälle müssen allmälig vorgenommen werden. Die Höhe der zulässigen Gefälldifferenz zweier angrenzender Stationen hängt von der Bedeutung des Weges und von der Art des Holztransportes ab. Bei Wegen, die schwer zu beladende Wagen von Holzhändlern führen sollen, giebt man nur 1 % Differenz, während bei Wegen von geringerer Bedeutung auch 2- oder 3 %ige Uebergänge vorkommen können.

Die horizontalen Abstände der Stationen, an denen das Nivellirinstrument aufgestellt wird, betragen im Durchschnitte 20 bis

30 Meter. Dichter Holzbestand und coupirtes Terrain veranlassen kleinere Stationen. An glatten übersichtlichen Hängen können die Stationen auch grösser sein. Spitze Rücken und Mulden müssen so durchstochen resp. überschritten werden, dass gut fahrbare Rundungen gebildet werden. An allen schwierigen Stellen müssen die Stationen so gebildet sein, dass die Ansicht des Absteckenden über den zweckmässigen Bau des Weges klar hervorgeht. Die Bezeichnung der Stationen geschieht durch einen grösseren, die Station schon von Weitem kenntlich machenden Pfahl und einen kleineren, den Erdpfahl, welcher das Niveau der Station genau bezeichnen soll. Nach beendeter Weglegung werden diese Pfähle festgeschlagen, die grösseren auch nummerirt.

In unmittelbarem Zusammenhange mit der Absteckung der Wege erfolgt auch diejenige der Districtslinien. Diese kann nicht von jener getrennt werden, weil beide Arten von Absteckungen in Wechselbeziehung stehen, die Lage der Wege auf diejenige von Schneisen, diese letzteren wieder auf die Wege von Einfluss sein kann. So ist z. B. die Lage der Rücken und Mulden stets von Einfluss auf die Lage des Districtsweges, so werden die Schneisen, wenn thunlich, so gelegt, dass sie auf die Vereinigungspunkte mehrerer Wege fallen. — Es werden von den Schneisen stets zuerst diejenigen abgesteckt, welche verschiedenartige Standorte von einander trennen. Sie bilden das Gerippe des Eintheilungsnetzes, an sie werden dann alle weiteren Linien angefügt. Alle Terrainlinien werden möglichst genau nach ihrem natürlichen Verlaufe abgesteckt. An den Biegungen der Rücken und Wasserläufe müssen daher Winkelpunkte gebildet werden. Insbesondere ist dies bei scharf ausgeprägten Terrainlinien erforderlich. Bei breiten ins Plateauartige übergehenden Rücken kommt es weder darauf an, dass die Höhenlinie genau eingehalten wird, noch lässt sich diese leicht auffinden. Man sucht alsdann die Linien möglichst zu strecken. Doch muss dann die Absteckung mit der Hauptaxe harmoniren, weil sonst die Parallelität zu den Districtswegen verletzt wird und hierdurch unschöne Figuren gebildet werden.

Unmittelbar nach der provisorischen Absteckung findet auch eine provisorische Messung derselben und eine Eintragung mittelst farbiger Stifte in die Karten statt. Finden sich alsdann noch Wege und Linien, die zu Gunsten zweckmässigerer Districtsgrösse und unbeschadet wichtigerer Rücksichten verbessert werden können, so werden noch Correcturen vorgenommen. Indessen müssen alle Hauptmomente in dieser Beziehung schon vorher übersehen sein.

5. Definitive Absteckung.

In steilem Terrain ist durch das Niveau auch die horizontale Lage eines Weges ziemlich fest bestimmt; eine jede Veränderung der letzteren hat hier entweder eine bedeutende Aenderung im Gefälle oder eine starke Erdbewegung in der Richtung der Längenachse des Weges zur Folge. Ist das Terrain weniger steil, so kann schon durch eine unbedeutende Aenderung des Gefälles eine relativ bedeutende Aenderung der horizontalen Lage bewirkt werden. Die Absteckung hat deshalb hier die doppelte Aufgabe, zu nivelliren und zu richten. Ist endlich das Terrain so flach, dass das Gefälle für die Lage des Weges nur wenig oder gar nicht bestimmend ist, so wird das Richten des Weges die Hauptaufgabe der Absteckung. Bei der erstmaligen Absteckung ist dies, wenigstens ohne Wiederholung, nicht möglich, weil sich, insbesondere in wenig übersichtlichem Terrain, erst nachdem man eine längere Strecke abgesteckt hat, das Maass der dem Wege zu gebenden Streckung genügend bestimmen lässt. Wiederholungen einzelner Absteckungen werden ferner dadurch erforderlich, dass man beim ersten Abstecken die Linien nicht genau auf denjenigen Punkt bringt, den man treffen will, dass man im Verlaufe der Arbeiten noch manche Verbesserungen vorzunehmen für gut findet, dass bei der Revision der Eintheilungsprojecte manche Veränderungen vorgeschrieben, einzelne Schneisen und Wege verworfen, einzelne corrigirt werden. Solche Correcturen haben dann in der Regel noch andere im Gefolge, da z. B. durch den Fortfall eines Nebenweges auch die Lage des Hauptweges, da, wo jener ihm einmündete, verändert wird. Aus den vorstehend genannten Gründen ist es in unserer Commission zur Regel geworden, dass die erstmalige Absteckung nur einen provisorischen Charakter trägt. Die Wege werden bei ihr nur insoweit gestreckt, als man dies ohne Wiederholung der Absteckung bewirken kann; die Linien werden, wo schwer zu bewältigende Hindernisse, wie z. B. starke Stämme entgegenstehen, nicht scharf, sondern, ohne dass solche entfernt werden, mittelst zweier um den Stamm herumgelegter Parallelen abgesteckt. Die Endpunkte der Schneisen können von den Punkten, die später genau getroffen werden sollen, einige Meter entfernt bleiben. Erst nachdem den Projecten die Genehmigung des Ministeriums resp. des Ministerial-Commissarius ertheilt ist und keinerlei Zweifel über irgend einen Theil der Absteckung mehr obwalten, wird ihre nochmalige endgültige Absteckung vorgenommen. Deren Hauptaufgabe besteht dann hinsichtlich der Wege darin, sie unbeschadet ihres rationellen Gefälles möglichst zu strecken. Die Art der Ausführung dieser Arbeiten hängt vom späteren Bau der Wege ab. Wir unterscheiden zwei principiell ganz verschiedenartige Methoden des Wegebaues:

1. In ebenem oder schwach geneigtem Terrain, unter $10^0{}_0$ Neigung der Senkrechten, wird das Wegplanum dadurch hergestellt, dass man zu beiden Seiten Gräben aushebt und mit deren Erdmasse die Erdbahn wölbt.

2. In dem eigentlichen Gebirgsterrain geschieht der Bau des Erdweges durch seitlichen Ab- und Auftrag.

Bei den Wegen ersterer Art, den „Wegen der Ebene", ist das ihre Lage bestimmende Moment der Rand des Weges. Es genügt daher und ist am zweckmässigsten, wenn bei der definitiven Absteckung der obere Rand festgelegt wird. Für die Wege des Gebirges ist der Ausgangspunkt für den Bau stets die Niveaulinie. Deshalb muss diese auch bei der definitiven Absteckung festgelegt werden. Es sind bei dieser die Winkel resp. Krümmungspunkte und das Niveau der Linie, an welcher Auf- und Abtrag sich scheiden, zu bestimmen und ist hierbei darauf zu sehen, dass kleinere vorliegende scharfe Rücken durchstochen, Mulden überschüttet werden. Diese Tendenz übt selbstverständlich um so entschiedenere Wirkung, je länger das abzufahrende Holz ist. Uebrigens kann diese Arbeit wenigstens unter schwierigen Terrainverhältnissen nicht mit dem Anspruche, die unbedingte Norm für den Ausbau zu bilden, ausgeführt werden, es werden vielmehr beim Ausbau der Wege sehr häufig noch Verhältnisse sich geltend machen, die vorher nicht genügend übersehen werden können.

Hinsichtlich der Schneisen ist die Aufgabe der definitiven Absteckung, sie scharf abzustecken, und diejenigen Punkte zu bestimmen, welche versteint werden sollen. Abgesteckt und versteint wird bei Linien die in der Richtung die von Süd nach Nord laufen, stets die östliche, bei Linien, die von Ost nach West laufen, die nördliche Kante. Findet eine Verbreiterung der Schneisen oder die Anlage von Looshieben statt, so erfolgt dieselbe stets in der der Steinlinie entgegengesetzten Richtung, gegen die vorherrschenden Winde.

Die Winkelpunkte der provisorischen Absteckung sind bei der definitiven zu revidiren und ist darauf zu sehen, dass nicht mehr Winkel in den Linien vorhanden sind, als es durch das Terrain geboten ist. Bei ihrer Fixirung ist ferner auch auf äussere Schönheit und die Leichtigkeit des Einmessens zu achten. Wo Wege mit Linien zusammentreffen, müssen die Winkel der letzteren oberhalb der Wege liegen, wo Curven und Districtslinien zusammenfallen, müssen die Winkelpunkte der letzteren so liegen, dass sie beim Bau der Curve nicht entfernt werden müssen. Endlich ist bei Bestimmung der Winkelpunkte darauf zu sehen, dass die sie markirenden Steine gut gesetzt werden können, also sind nicht zu nasse, felsige Punkte etc. auszusuchen.

6. Sicherung und Versteinung.

Gleichzeitig mit der definitiven Absteckung findet auch die Bestimmung derjenigen Punkte resp. Wegestrecken statt, die gesichert werden sollen. Solche sind insbesondere die Schnittpunkte mehrerer Districtsgrenzen, die Schnittpunkte von Districtslinien mit Wegen, alle Winkel resp. Wegekrümmungen, bei den Wegen des Gebirges alle Gefällewechselpunkte. Bei längeren geradlaufenden Strecken müssen auch innerhalb der geraden Linien Sicherungsstationen eingelegt werden, so dass von einer zur andern gesehen werden kann. Die Sicherung muss so bewirkt werden, dass sie der späteren Vermessung als Grundlage dienen kann und dass die Wege ohne ein nochmaliges Nivellement nach ihr gebaut werden können. Die Art der anzuwendenden Sicherungsmethode ist besonders vom Terrain abhängig; doch üben auch die disponibeln Geldmittel und der Grad der Sicherheit, mit welchem man vom Ausbau der einzelnen Theile des Netzes überzeugt ist, Einfluss darauf aus.

Entsprechend den Verschiedenheiten im Ausbau der Wege unterscheiden wir auch zwei principiell verschiedenartige Sicherungsmethoden.

Für die mit Seitengräben auszubauenden „Wege der Ebene" ergiebt sich als die natürlichste und einfachste Art der Sicherung die Anlage von Grabenstücken auf der oberen Seite des Weges an den oben bezeichneten Punkten. Solche Grabenstücke bilden dann zugleich die Anfänge der späteren Wegegräben. Ist Steinmaterial vorhanden, so empfiehlt es sich, die Winkelpunkte zu versteinen und von den Steinen aus in 1 Meter Entfernung $1\frac{1}{2}$ oder 2 Meter lange Graben fertigen zu lassen. Die versteinten Punkte sind die Polygonpunkte der späteren Vermessung.

Wege des Gebirges verlangen sowohl eine Sicherung der horizontalen Lage als auch des Niveaus. Beides wird dadurch erreicht, dass man an den genannten Punkten Einschnitte in das Terrain, mit dem Niveau des späteren Wegeplanums resp. Wegestückes, sog. Schablonen, anfertigen lässt. Letztere sind seither in grosser Ausdehnung zur Anwendung gekommen. Die Schablonen werden aus klarem Erdreiche nach sorgfältiger Entfernung von Bodenüberzug und Steinen hergestellt. Die Abtragsfläche wird in der Regel mit ca. 5 %$_{0}$ Steigung nach der Bergseite, die Auftragsfläche horizontal angefertigt. Ist man genöthigt, an Sicherungskosten möglichst zu sparen, so können an die Stelle der

Schablone, insbesondere in steilem Terrain, schmalere Einschnitte („Niveauplatten") treten, deren Dimension nach localen Verhältnissen festzusetzen ist. Der geeignetste Maassstab für dieselben ist die obere Böschungshöhe.

Zur Vermessung und zur Sicherung des Netzes ist die Fixirung der Hauptpunkte in der angegebenen Weise genügend. Zur rascheren Aufsuchung der Wegezüge, zur Communication der Beamten, zur leichteren Uebersichtlichkeit des Eintheilungsnetzes, zu den Vorarbeiten des Wirthschaftsplanes ist es aber sehr zweckmässig, dass nicht nur die Hauptpunkte markirt werden, sondern dass das ganze Netz, mit Ausnahme unsicherer Strecken, durchgehend durch sogenannte Niveaupfade gesichert wird. Solche sind deshalb auch in der neueren Zeit in gebirgigem Terrain, wenigstens in den Staatswaldungen, auch da, wo früher Schablonen gefertigt wurden, zur Regel geworden. Ihre Dimensionen hängen vom Terrain und den verwendbaren Geldmitteln ab. Unter den mässig steilen Terrainverhältnissen Hessens pflegen wir dieselbe auf 1 Meter Breite und mit in minimo 25 cm. hoher oberer Böschung anzufertigen. Die Kosten derselben betragen durchschnittlich 8—10 Pf. pro laufenden Meter.

Die Curven werden in ebenem Terrain am besten dadurch, dass man die abzurandenden Verbindungsgräben oder Stücke derselben aussticht, gesichert. In gebirgigem Terrain kann man au den Stellen, von wo verschiedene Wegearme ausgehen, für jeden derselben eine Schablone anfertigen lassen.

Die Versteinung des Eintheilungsnetzes geschieht zum Theil durch grössere, mit den Nummern der Districte zu versehende, sog. Districtssteine, die der minderwichtigen Punkte durch rauhe Steine, sog. Läufer. Die Districtssteine dürfen nur von gutem dauerhaftem Material gefertigt werden, sie sollen eine Länge von 0,9 bis 1,0 Meter haben. Der dünnere, obere Theil wird auf ca. 40 cm. Länge behauen und oben mit einer Spitze versehen. Der längere und schwerere untere Theil kommt ganz in die Erde. Die Verwaltung hat für die Lieferung der Steine zu sorgen, das Taxationspersonal hat sie zu setzen. Mit solchen Districtssteinen sind zu versehen: Alle Kreuzungspunkte von Districtsgrenzen, alle Ausmündungspunkte von Districtsgrenzen mit Hauptwegen und sonstige wichtige Punkte, wie z. B. Ausgänge von Hauptwegen, Curven, wo dann die Districtssteine nur als Wegweiser, nicht als Polygonpunkte zu dienen haben. Mit rauhen Steinen, die, wo sie vorhanden sind, dem Walde entnommen werden, wo es daran fehlt, mit den Districtssteinen anzufahren sind, werden bezeichnet: alle Winkel der abgesteckten Schneisen, alle Schnittpunkte von Districtslinien und Wegen (sofern solche nicht durch Districtssteine bezeichnet werden), auf geraden Strecken auch einzelne Zwischenpunkte, so dass man von einem zum anderen Steine resp. einem hier aufgestellten Instrumente sehen kann. Die Steine, Läufer sowohl wie Districtssteine, werden mit Hülfe eines metallenen Senkels senkrecht gestellt und mit ihrer Spitze in die zu versteinenden Linien scharf eingerichtet. Zum Schutze der Steine und um die Aufhiebsrichtung zu bezeichnen, werden, je 1 Meter vom Steine beginnend, Gräben gezogen, deren äusserer Rand in der Steinlinie liegt, so dass nach denselben der Aufhieb der Linien bewirkt werden kann.

7. Schriftliche und kartographische Arbeiten.

Die von dem Forsteinrichtungspersonale zu fertigenden Vermessungen sollen zunächst nur einen provisorischen Charakter tragen; sie erfolgen im unmittelbaren Anschlusse an die Absteckungen durch Linearmessung, event. mit Zuhülfenahme einfacher Winkelinstrumente. Sie verursachen so nur geringe Kosten, müssen aber einen solchen Grad der Genauigkeit haben, dass sie den erstmaligen Wirthschaftsplänen zu Grunde gelegt werden können. Auf Grund derselben werden pausleinene Specialkarten gefertigt. Die genaue, definitive Vermessung soll, wenigstens für die hessischen Staatsforsten, erst im Verlaufe der nächsten 20 Jahre durch Geometer zur Ausführung kommen. Dieser provisorische Charakter entspricht ganz den thatsächlichen Verhältnissen, die meist so liegen, dass einzelne Aenderungen, Wegfall oder Verlegung von Wegen in Folge unvorhergesehener Ereignisse (Ausbauschwierigkeiten, Acquisitionen etc. etc.) im Laufe der nächsten Zeit vorkommen.

Nachdem die Kartirung stattgefunden hat, erfolgt zunächst die Numerirung der Districte. Für diese sind zunächst die in Preussen gültigen allgemeinen Bestimmungen maassgebend, nach denen die Numerirung schichtenweise von Süd nach Nord und innerhalb der einzelnen Schichten von Ost nach West erfolgt. Da diese Numerirung bezüglich der ersteren Richtung die entgegengesetzte Folge hat wie die Hiebsführung, so wäre es wünschenswerth, dass diese Bestimmung abgeändert und die Harmonie der Nummerfolge mit der normalen Hiebsfolge eingeführt würde. Für das Gebirge kann dieselbe übrigens nur zum allgemeinen Rahmen dienen, im Einzelnen macht es die Rücksicht auf Orientirung etc. etc. nothwendig, dass die zusammengehörigen Standortscomplexe auch im Anschlusse numerirt werden, so dass sich gegen die für die Ebene entworfene Schablone stets Aenderungen ergeben. Beispiele für die Numerirung zeigen die Tafeln.

Die Flächenermittelung der Districte geschieht mittelst eines Polarplanimeters. Auf Grund derselben werden provisorische Vermessungstabellen oder Districts-Verzeichnisse gefertigt, welche die Grössen der Flächen auf Zehntel-Hectar angeben. Die Wege werden nach ihrer definitiven Absteckung fortlaufend numerirt und in den Karten mit Nummern und Gefällzahlen versehen.

Von sonstigen Schriftstücken, welche sich auf das Wege- und Eintheilungsproject beziehen, ist noch die vom Forsteinrichtungsbeamten auszuarbeitende sog. Vorverhandlung zu erwähnen, welche die physischen und ökonomischen Verhältnisse der bearbeiteten Reviere, die für das Projectiren leitenden Grundsätze und die wesentlichsten Momente, die für die specielle Ausführung maassgebend waren, darlegt.

Die genannten Karten und Schriftstücke werden der Centralbehörde zu Berlin (Ministerium für Landwirthschaft) vorgelegt, die dann die Genehmigung ertheilt resp. noch einzelne Aenderungen verfügt.

Drittes Kapitel.

Die Anwendbarkeit des in Hessen-Nassau in Anwendung stehenden Forsteinrichtungsverfahrens unter anderen forstlichen Verhältnissen.

Zu der Untersuchung übergehend, ob resp. in wie weit die im ersten Kapitel dargelegten Grundsätze für das Projectiren des Wegnetzes und der wirthschaftlichen Eintheilung in Gebirgsforsten und die im zweiten Kapitel dargestellte Art der Ausführung der Projecte unter den Verhältnissen anderer Gebirgsforsten als denen der Provinz Hessen-Nassau eine Anwendung zulassen, haben wir zunächst, als das wesentlichste Moment, die grosse Mannichfaltigkeit der physikalischen und ökonomischen Verhältnisse zu betonen, die es verhindert, dass ein bestimmtes Verfahren auch nur für engbegrenzte Gebiete allgemeine Gültigkeit beanspruchen kann. Bei keinem anderen Zweige der Forstwirthschaft tritt die Bedeutung concreter Verhältnisse entschiedener hervor, keiner schliesst die Anwendung allgemeiner Regeln, die Befolgung einer bestimmten Schablone mehr aus, als die Wegnetzlegung und wirthschaftliche Eintheilung. Fast alle Momente, welche auf die Wirthschaft selbst, wenigstens im Grossen, von Einfluss sind, wirken auch auf die principielle und praktische Methode der Eintheilung. Dass schon durch die Terrainverhältnisse eine grosse Mannichfaltigkeit von Wegnetz- und Eintheilungsprojecten hervorgerufen wird, dass es Verhältnisse giebt, unter denen das Wegnetz weit mehr beschränkt werden muss, als es in unseren Staatsforsten geschieht, andere, unter denen es gar nicht am Platze ist, liegt in der Natur der Sache. In steilem und coupirtem Terrain sieht man sich der Kosten halber genöthigt, die Wegnetzlegung auf einzelne Hauptadern zu beschränken, schroffe und felsige Hänge schliessen den Wegebau ganz aus, so dass, wo solche vorherrschen, ein Wegnetz und eine auf ein solches gegründete Eintheilung überhaupt nicht am Platze ist.

Wird auf der anderen Seite das Terrain so schwach geneigt, dass die senkrecht zu den horizontalen gezogenen Linien befahren werden können, oder verlaufen die Hänge so ebenmässig, dass in der Richtung des Hanges gezogene gerade Linien gut fahrbar sind, so ist das in dem vorigen Kapitel dargestellte Verfahren gleichfalls nicht anwendbar. Die Eintheilung kann dann auf ein System geradliniger, sich rechtwinkelig kreuzender Schneisen basirt und die Wegnetzlegung, falls eine solche überhaupt noch erforderlich ist, auf einzelne diagonale Hauptwege beschränkt werden. Eine weitere Beschränkung resp. gänzliche Aufhebung der Wegnetzlegung kann durch Transportverhältnisse veranlasst sein. Wo Seen und gute Wasserwege häufig sind, wird sicherlich die Flösserei in Zukunft die hauptsächlichste Transportweise bleiben; es treten dann an Stelle unserer Hauptwege die Flossbäche, denen in der Regel das Holz durch Riessen oder auf Schlittwegen zuzuführen ist. Auch unter anderen Verhältnissen, wo nicht geflösst wird, insbesondere im hohen Gebirge, wird das Schlitten des Holzes auf Schneebahnen an Hauptwege oder an Lagerplätze immer von Bedeutung bleiben. Wo ein solches aber besteht, kommt das System von Haupt- und Nebenwegen, welches für unsere Methode am meisten charakteristisch ist, in Wegfall. Schlitt- und Riesswege sind meist zu steil, um zur Eintheilung in horizontalem Sinne brauchbar zu sein. Eher sind diese, insbesondere in nicht zu steilem Terrain, geeignet, die Hänge in verticaler Richtung zu theilen, so dass sie dann an Stelle der Schneisen treten.

Ausgeschlossen ist nach Vorstehendem von unserem Verfahren das zu steile, felsige, und das zu schwach geneigte Terrain, ausgeschlossen sind ferner Verhältnisse, wo der Holztransport auf Flossbächen, mittelst Schlitten, oder mittelst anderer Transportanstalten stattfindet. Seine hauptsächlichste Anwendung findet dies Verfahren dagegen unter mässig steilen Terrain-Verhältnissen, wo der Holztransport hauptsächlich oder ausschliesslich durch Abfuhrwege vermittelt wird. Aber auch innerhalb dieser Beschränkung giebt es noch mannichfache Verhältnisse, welche Modifikationen der Wegnetzlegung herbeiführen. Dass die Grösse der Besitzeseinheit, dass die Holz- und Betriebsart, dass die Differenz der Standortsgüte an den oberen und unteren Schichten der Berghänge von Einfluss auf die Gestaltung des Wege- und Eintheilungsprojectes sind, wurde schon Seite 12—13 hervorgehoben. Ob man an Wegen mehr oder minder zu sparen hat, hängt ferner von dem Maasse ab, in welchem die Wege voraussichtlich benutzt werden. Dieses ist wieder abhängig von der Quantität der Holzerzeugung und der Intensität des Betriebes. Dass erstere auf die Menge der Wege und die Art ihres Ausbaues von Einfluss ist, liegt in der Natur der Sache. Es ist selbstverständlich und bedarf eines weiteren Nachweises nicht, dass in Revieren, die viel Holz produciren, also auf guten Standorten, mehr und bessere Wege gebaut werden müssen, als auf Revieren mit schwacher Materialabnutzung, dass man auf armen Standorten mit den Kosten für den Wegebau so sparsam verfahren muss, als es die Verhältnisse irgend gestatten. Für die Praxis gewinnt diese finanzpolitische Erwägung ferner noch in der Richtung Bedeutung, dass wie man bei dem einzelnen Reviere die Wege, welche haubare Bestände treffen, am frühesten ausbauen lässt, so auch bei der Auswahl der Reviere für eine neue Einrichtung und bei der Bemessung des Wegbaufonds diejenigen Reviere, welche reich an haubaren Holzvorräthen sind, zuerst in Bearbeitung nimmt, und mehr Mittel auf sie verwendet, solche mit mangelnden Holzvorräthen dagegen zurückschiebt. — Was ferner die Intensität der Wirthschaft betrifft, so ist es bekanntlich ein allgemeines ökonomisches Gesetz, dass mit dem Fortschreiten der wirthschaftlichen Entwickelung die Intensität eines jeden landwirthschaftlichen Betriebes, die Befruchtung des Bodens mit Kapital und Arbeit, zunimmt. Diese Tendenz schreitet indessen nur sehr langsam vor und es ist nicht die Aufgabe der Wirthschaftspolitik, sie zu beschleunigen, sondern die wirthschaftlichen Maassregeln so zu treffen, wie sie dem natürlichen und wahren jeweiligen Culturzustande entsprechen. Dass dieser nun in forstlicher Hinsicht gegenwärtig ein sehr verschiedenartiger ist (und voraussichtlich auch stets bleiben wird), liegt auf der Hand. Hinsichtlich des vorliegenden Gegenstandes wird Niemand bestreiten, dass es, von Terrainverhältnissen auch gänzlich abgesehen, ein thörichtes Unternehmen wäre, die Hochgebirgsforsten der Schweiz, die 60 % der Gesammtfläche einnehmenden Waldungen Skandinaviens, die Karpathen, den Ural und Himalaya mit Wegnetzen, wie sie jetzt in Hessen und Nassau projectirt werden, zu durchziehen.

Mehr aber noch als die Quantität der Holzerzeugung und der Intensitätsgrad des Betriebes sind die, zum Theil mit letzterem in Beziehung stehenden Absatzverhältnisse auf das zweckmässige Weg- und Eintheilungsproject von Bedeutung. Der Zweck einer jeden Wegnetzlegung muss in erster Linie dahin gerichtet sein, dass durch das Wegnetz dem Productionsbezirke ein günstigerer Absatzmarkt geschaffen, dass nach dem Ausbau des Netzes und als seine Folge entweder der Werth des Holzes an seinem Erzeugungsorte für die seitherigen Consumenten einen höheren Werth hat, oder aber der Consumtionsbezirk erweitert wird. Wo voraussichtlich auch in Zukunft nur für den Lokalbedarf producirt wird und die Holzkäufer an schlechte Feldwege und schlechte Fuhrwerke gebunden sind, hat man alle Ursache, mit dem Projecte und der Ausführung neuer Wegnetze vorsichtig zu sein. Wo dagegen begründete Aussicht vorhanden ist, dass durch gut gebaute Wege die Erweiterung des Absatzes in holzarme Gegenden, die Führung der Hauptwege an Bahnen, Strassen etc. ermöglicht werde, wird man a priori und ohne Berechnungen anzustellen berechtigt sein, von einem gut projectirten und gut gebauten systematischen Wegnetze Hebung der Rentabilität der Wirthschaft zu erwarten und sich veranlasst finden, den Ausbau der Wege thunlichst zu beschleunigen.

Diese im Vorstehenden angedeuteten allgemeinen ökonomischen und forstlichen Verhältnisse müssen allseitig erwogen sein, bevor mit dem Projectiren im Einzelnen begonnen wird. Der Bearbeiter eines einzelnen Revieres kann sich auf Grund seiner localen Orientirung hierüber kein genügendes Urtheil bilden, sondern muss vielmehr schon von vornherin durch die Directivbehörden entsprechend geleitet sein. Für den Detailarbeiter ist dagegen der Zustand der vorhandenen Eintheilung und der bestehenden Wege von der grössten Wichtigkeit. Die Frage, ob man Bestehendes beibehalten solle oder nicht, ist meist eine der wichtigsten und für die Gestaltung des Projectes einflussreichsten. Es wird, um die bestehenden Verhältnisse in dieser Beziehung übersichtlich darstellen und jene Frage allgemein beantworten zu können, ein Rückblick auf die Entwickelung der Waldeintheilung und Wegnetzlegung, durch welchen die jetzigen Verhältnisse hervorgegangen sind, erforderlich:

Die Ausbildung der wirthschaftlichen Eintheilung im Gebirge zeigt einen zweifachen zeitlichen Gegensatz gegenüber derjenigen in der Ebene. Zunächst ist sie dieser zweifellos vorangegangen, indem sich insbesondere in coupirtem Terrain durch die natürlichen Grenzen einheitliche Forstorte (Thäler, Berge etc. etc.) bildeten. Nachdem aber einmal die Eintheilung der Ebene systematisch durchgeführt war, blieb diejenige des Gebirges hinter dieser weit zurück, weil sich hier der systematischen Eintheilung weit mehr technische Schwierigkeiten entgegenstellten. Soweit dem Verfasser eine Einsicht in die Geschichte der Waldeintheilung zusteht, waren es im vorigen Jahrhundert von Langen, Zanthier und Oettelt, welche die Nothwendigkeit, systematische Eintheilungen auch im Gebirge einzuführen, aussprachen und praktisch zu verwirklichen suchten. Was aber ihre Eintheilung auf die Dauer unbrauchbar machte, war der Umstand, dass sie die örtliche Eintheilung nur als directes Mittel, das Flächenfachwerk herzustellen, auffassten. Ihre Wirthschaftsfiguren sind Jahresschläge. Erst von G. L. Hartig und H. Cotta wurden, nachdem Hennert die Unabhängigkeit der Eintheilung von der Umtriebszeit für die Ebene ausgesprochen hatte, systematische, vom Fachwerke unbeeinflusste Eintheilungen im Gebirge durchgeführt. Die Grundsätze, nach welchen sie bewirkt sind, finden wir in ihren literarischen Werken ausgesprochen. „Diese Districte" — schreibt G. L. Hartig in der Anweisung zur Taxation — (150—200 Morgen gross) „müssen womöglich mit geraden, 1—1$\frac{1}{2}$ Ruthen breiten Schneisen begrenzt werden, wenn kein Weg, Bach, Feld oder Wiese den Abschnitt und eine stets scharf abschneidende Grenze macht. Diese Schneisen müssen aber so angelegt werden, dass sie zur Holzabfahrt benutzt, folglich viele Waldwege durch sie entbehrlich gemacht werden können." — Dem entsprechend finden wir auch, dass an den meisten Orten, wo überhaupt eine systematische Eintheilung besteht, diese durch ein System von Schneisen gebildet wird, die mit Rücksicht auf Fahrbarkeit und gleichmässige Form und Grösse der Wirthschaftsfiguren gelegt sind.

Gleichzeitig mit dem allmäligen Fortgange solcher Eintheilungen entwickelte sich in denjenigen Waldungen, die dem Handel offen standen, der Wegebau; es entstanden die ersten zu forstlichen Zwecken auf Grund von Nivellements gebauten Waldwege. Sie wurden erst nur mit Rücksicht auf einzelne Forstorte gelegt; je mehr sie fortschritten, um so allgemeiner wurde die Ueberzeugung, der K. Heyer zuerst in der Literatur bestimmten Ausdruck gab, dass dem Wegebau eine planmässige systematische Netzlegung, die der Eintheilung als Basis dient, vorausgehen müsse.

Je nachdem nun die Hartig-Cotta'schen Vorschriften ganz, theilweis oder gar nicht zur Anwendung gelangten und je nachdem sich der Wegebau mehr oder weniger ausgebildet hat, finden sich gegenwärtig in den deutschen Gebirgsforsten sehr mannichfache Verhältnisse hinsichtlich der Eintheilung und der Waldwege vor. Um sie besser kennzeichnen zu können, bringen wir sie in nachstehenden Gruppen, die in der Wirklichkeit aber nicht scharf abgesetzt, sondern mit mannichfachen Uebergängen und Variationen vorkommen, und fügen bei jeder einzelnen Gruppe hinzu, wie sie unseres Erachtens in Zukunft zu behandeln ist:

1. **Es bestehen gut gebaute Wege und eine systematische Eintheilung.** Dies wird meist da der Fall sein, wo schon längere Zeit methodische Taxationen stattgefunden haben und ein entwickelter Holzabsatz bestanden hat. Ist hier die Eintheilung in ihren Hauptzügen auf das Terrain gegründet und entsprechen die Hauptwege den Absatzverhältnissen, so wird es meist nur auf eine Ergänzung des Bestehenden, auf eine Correction einzelner Glieder des bestehenden Netzes ankommen. Es sind

dann die vorhandenen Wege, wenn nöthig, fortzuführen, durch Zwischenwege mit einander zu verbinden, einzelne unpassende Districtsgrenzen zu verlegen, einzelne zu grosse Districte durch Einlegen eines Zwischenweges oder einer Schneise zu theilen und was dergleichen mehr ist. Solche Verhältnisse liegen u. a. in den Staatsforsten Badens und anderer süddeutschen Staaten vor, in denen schon längere Zeit ein reger Holzhandel bestanden hat. — Sind dagegen jene Unterstellungen nicht vorhanden, steht insbesondere die Eintheilung nicht in Uebereinstimmung mit dem Terrain oder haben die vorhandenen Wege unpassende Richtungen oder ein sehr unzweckmässiges Gefälle, so muss die Eintheilung und das Wegnetz neu projectirt werden. Solche Verhältnisse sind die misslichsten, die überhaupt vorkommen. Hält man am Vorhandenen zu sehr fest, so geschieht es auf Kosten der erreichbaren Zweckmässigkeit, berücksichtigt man die vorhandenen, gut gebauten Wege zu wenig, so bringt man Opfer an den vorhandenen Wege-Capitalien.

2. **Es besteht eine systematische Eintheilung, dagegen kein oder nur ein ungenügendes Wegnetz.** Solche Verhältnisse finden sich in vielen Gebirgsforsten, am bestimmtesten ausgeprägt im Königreiche Sachsen. In Sachsen ist die Eintheilung, ebenso wie das gesammte Forsteinrichtungswesen schon frühzeitig ausgebildet. Die dortigen Wirthschaftsfiguren bilden wie die Jagen der Ebene, von geraden Linien begrenzte Rechtecke von ca. 20 Ha Grösse. Dass solche Wirthschaftsfiguren hinsichtlich der Ertragsregelung, der Hiebsführung, der Orientirung, der Messungs-Nachträge etc. etc. ihrem Zwecke genügen, steht nicht zu bezweifeln. Gegen ihre unveränderte Beibehaltung als Grundlage für die Betriebsführung sprechen folgende Gründe:

Erstens sind die natürlichen Linien nicht in dem Grade zur Eintheilung benutzt worden, wie dies im Interesse der gesammten Wirthschaft verlangt werden muss.

Zweitens treten die horizontalen, am Hange hinziehenden Wirthschaftsstreifen, wenn eine systematische Wegnetzlegung durchgeführt wird, in Collision mit einzelnen Weglinien. Bezüglich des eventuellen Wegnetzes sind in den sächsischen Gebirgsforsten und in Revieren mit ähnlichen Verhältnissen zwei Fälle möglich: Entweder es werden nur die Hauptabfahrwege projectirt resp. die bestehenden fortgeführt und zur Herbeischaffung des Holzes auf diese die bestehenden geradlinigen Wirthschaftsstreifen und vorhandenen Schleifwege benutzt, oder es werden auch die Nebenwege projectirt und mit den ersteren zu einem Netze verbunden. Die erste Methode ist am Nordhange des Idsteiner Stadtwaldes angewandt (conf. Tafel 2); ihrer allgemeinen Anwendbarkeit resp. Zweckmässigkeit steht aber der Charakter des Terrains in den meisten Gebirgsforsten sehr entschieden entgegen, der das Befahren der geraden Linie am Hange nur auf Kosten der Holzpreise gestattet. Werden aber auch nivellirte Nebenwege gelegt, so werden diese vielfach den alten geraden Eintheilungslinien nahe liegen. Durch ein solches Nebeneinander von Weg- und Theilungslinie wird nicht nur die der Holzproduction zu entziehende Fläche unnöthig vermehrt, es führt auch zu mannichfachen Missständen für die Betriebsführung. Es ist deshalb unseres Erachtens unter solchen Verhältnissen erforderlich, wenn nicht, wie im Idsteiner Stadtwalde, die Hänge sehr ebenmässig verlaufen, dass alle geraden, am Hange hinziehenden Eintheilungslinien aufgegeben und durch nivellirte Zwischenwege, die mit den Hauptwegen im Zusammenhange stehen, ersetzt werden.

3. Es besteht ein den Absatzverhältnissen entsprechendes Netz gut gebauter Wege, dagegen keine systematische Eintheilung. Solche Verhältnisse liegen unter entwickelten Absatzverhältnissen insbesondere da vor, wo die vorhandene Eintheilung nicht nach einem Plane ausgeführt ist, sondern wo sie zufälligen wirthschaftlichen Verhältnissen ihr Dasein verdankt. Hier ist vor allem eine neue Eintheilung zu projectiren. Bei dieser sind die vorhandenen Wege so gut es irgend geht zu benutzen. Soweit diese nicht genügen, müssen neue Wegestücke eingelegt werden.

4. Wo endlich weder eine systematische Eintheilung besteht, noch ein den Verhältnissen entsprechender Zu-

stand der Wege vorhanden ist, da wird das ganze Eintheilungsnetz völlig neu zu gestalten und das Vorhandene meist wenig oder gar nicht zu berücksichtigen sein. Die Versuche, alte Wegestücke oder alte Schneisen beizubehalten, schlagen dann meist fehl, nachdem sie zuvor unnöthige Zeit und Kosten verursacht haben. Alte Bestandesgrenzen können schon deshalb nicht beibehalten werden, weil sie selten geometrisch genau liegen, auch wenn sie sich zufällig ohne Opfer hinsichtlich des Anschlusses, der Symmetrie, der zweckmässigen Grösse, dem Eintheilungsnetze einfügen sollten.

Wie nun die Art des Projectirens eines Wege- und Eintheilungsnetzes durch die bestehenden Verhältnisse sehr wesentlich beeinflusst wird, so hängt auch die zweckmässige Ausführung, insbesondere die Organisation der Arbeit, sehr wesentlich davon ab. Wo es sich nur darum handelt, bestehende Verhältnisse hinsichtlich einzelner Stücke zu corrigiren, ist kein Feld für die Thätigkeit einer besonderen Commission. Solche Correcturen oder Ergänzungen bilden dann eine der Vorarbeiten für den Betriebsplan. Hat man dagegen einmal die Nothwendigkeit erkannt, dass eine neue Eintheilung und ein neues Wegnetz geschaffen werden muss, so kommt zunächst in Frage, ob man das Project nur auf den Karten darstellen, oder ob man es auch örtlich abstecken und sichern soll. Das erstere wird sich überall dann empfehlen, wenn Ungewissheiten über die Art der Ausführung obwalten, die in der Gegenwart nicht zu heben sind. Solche können insbesondere dadurch hervorgerufen werden, dass man die zukünftigen Absatzrichtungen, die Art des Transportes, die Entwickelung landwirthschaftlicher Verhältnisse nicht gehörig beurtheilen kann. In der Regel werden die Verhältnisse indessen so liegen, dass solche Unbestimmtheiten nur einzelne Theile des Ganzen treffen. Im Uebrigen aber hat es den entschiedenen Vorzug, das ganze Project, wie wir es im zweiten Kapitel dargestellt haben, örtlich abzustecken, zu sichern und die Wirthschaftspläne auf Grund desselben aufstellen zu lassen.

Zweiter Theil.
Die Aufstellung der Betriebspläne.

Einleitung.

Vergleicht man die Literaturgeschichte der forstlichen Taxation mit dem Entwickelungsgange des praktischen Forsteinrichtungswesens, so gelangt man zu der Einsicht, dass die Literatur und Praxis auf diesem Gebiete des Forstfaches nach mehreren Richtungen hin eine verschiedenartige Ausbildung erfahren haben — und zwar nicht nur hinsichtlich der Behandlung der Materien, bei welcher die Literatur mehr das allgemein Anwendbare zu abstrahiren und darzustellen, die Praxis mehr auf concrete Verhältnisse zu rücksichtigen hat, sondern auch bezüglich ihres eigentlichsten Inhaltes. Einmal waren die meisten Schriftsteller in einem ganz anderen Grade von der Idee des sogenannten Normalzustandes beherrscht, als sie in der Praxis jemals zur Verwirklichung gelangen konnte. Sie suchen ihn zu erreichen durch Festsetzung einer Norm für die Jahresnutzung. Dass die Praxis von den Theorien über die Ermittelung der Jahresschläge aus dem normalen Umtriebe und des Abnutzungssatzes aus dem normalen Zuwachse und dem normalen Vorrathe selten eine unmittelbare und dauernde Anwendung hat machen können, liegt insbesondere daran, dass diese, das Normale betreffenden, Factoren ganz ideeller Natur sind und wegen der Unbestimmbarkeit des normalen Umtriebes eine Uebertragung auf concrete Verhältnisse gar nicht zulassen. — Sodann sind in der Literatur, wie es ihrem mehr theoretischen Charakter entsprechend ist, die Gegensätze der verschiedenen Taxationsmethoden viel stärker hervorgehoben, als sie in der Praxis hervorgetreten sind. In der Theorie stehen sich noch immer Flächen- und Massenfachwerk, die Vorrathsmethoden, die Verfahren der Bestandeswirthschaft unvermittelt gegenüber; ja, der Gegensatz der theoretischen Methoden hat durch die Präcisirung der Wirthschaftsprincipien in der Neuzeit noch eine Verschärfung erfahren. Sieht man dagegen auf die verschiedenen in der Praxis üblichen Taxationsverfahren, so wird man finden, dass dieselben hinsichtlich der Quintessenz einer jeden Taxation einander viel näher stehen, als man nach der Literatur und der formalen Darstellung der Taxationswerke vermuthen sollte. Es wird sich ferner nicht in Abrede stellen lassen, dass die praktischen Taxationsverfahren in der Hauptsache, wenigstens in den Staatsforsten, den Verhältnissen, unter denen sie angewandt werden, entsprechend sind und dass die materiellen Abweichungen derselben, sowohl von den Methoden der Literatur als auch unter einander in der Regel durch Verschiedenheiten der concreten Waldverhältnisse bedingt sind. — Es kann unter diesen Umständen nicht die Aufgabe des nachfolgenden Abschnittes sein, in materieller Hinsicht neue Momente vorzubringen. Was sich an Erfahrungen von allgemeinerem Interesse aus der Thätigkeit unserer Taxations-Commission während der letzten 10 Jahre extrahiren lässt, ist vorwiegend formeller Natur und betrifft insbesondere die Vereinfachung der Methoden der Ertragsregelung.

Was die Ordnung des Stoffes für den nachfolgenden Theil betrifft, so behalten wir die übliche Eintheilung des den Betriebsplan betreffenden Materiales in Vorarbeiten und den Wirthschaftsplan selbst bei, begreifen aber unter dem letzteren nicht nur die Zusammenstellung der Resultate ersterer, sondern auch alle diejenigen Thätigkeiten, welche vorwiegend planmässiger Natur sind. Als die wesentlichsten Gegenstände eines Betriebsplanes betrachten wir die Bildung der Betriebsverbände, die Regelung des Ertrages und die Betriebsdispositionen, während in der Aufnahme der bestehenden Verhältnisse eine unmittelbar planmässige Thätigkeit nicht enthalten ist. Hiernach ergiebt sich folgende Eintheilung des Stoffes:

I. Vorarbeiten.
1. Ausscheidung der Bestandesabtheilungen;
2. Specielle Bestandes- und Standortsbeschreibung;
3. Aufnahme der Holzmassen und des Zuwachses.

II. Betriebsplan.
1. Bildung der Betriebsverbände;
2. Ertragsregelung;
3. Betriebsdispositionen;
4. Taxationsschriften und Karten.

Erster Abschnitt.
Vorarbeiten.

1. Kapitel.
Die Ausscheidung der Bestandesabtheilungen.

Die erste unter den Vorarbeiten zur Aufstellung eines Betriebsplanes macht die Ausscheidung der Bestandesabtheilungen aus. Bevor sie erfolgt ist, können, wenigstens ohne spätere Ergänzungen und Verbesserungen, weder die einzelnen Bestände beschrieben, noch ihre Holzmassen und Zuwachsverhältnisse ermittelt werden.

Während durch die Bildung der Districte diejenigen Flächen zu einer Einheit zusammengefasst werden, für welche der Wirthschaftsplan eine dauernd einheitliche Bewirthschaftung in Aussicht zu nehmen hat, sind durch die Bildung der Bestandesabtheilungen diejenigen Bestände innerhalb einer Wirthschaftsfigur von einander zu sondern, welche innerhalb des Zeitraumes, für welchen der Plan aufgestellt wird, einer verschiedenartigen Behandlung unterliegen, solche Bestände resp. Bestandestheile dagegen zu vereinigen, welche gleichartig bewirthschaftet werden sollen. Während demgemäss die Bestimmungsgründe für die Bildung der Districte in erster Linie nothwendig in dem dauernd Verschiedenen, d. i. dem Standorte liegen müssen, so bilden die Eintheilungsmomente für diese weitere Zerlegung und Zusammenfassung die vorübergehenden Verschiedenheiten des Bestandes. Ausgenommen hiervon sind nur die ständigen Abtheilungen, d. h. solche, die durch bleibende Verhältnisse, insbesondere den Standort bedingt werden. Sie nehmen ganz den Charakter selbstständiger Wirthschaftsfiguren an, werden nur ihrer geringen Grösse und ihrer Lage wegen nicht als solche bezeichnet und sind von den allgemeinen Regeln über die Bildung der Abtheilungen ausgeschlossen.

Ob die in einem Districte vorkommenden Bestandesverhältnisse zur Bildung von Abtheilungen Veranlassung geben oder nicht, hängt ab von der Flächengrösse, welche die Bestandesverschiedenheiten einnehmen, von ihrem Charakter und ihrem Grade. Von Einfluss auf die Gestaltung der Bestandesabtheilungen, mögen sie nun durch Betriebsart, Holzart, Wuchs oder sonstige Verhältnisse bedingt sein, ist ferner das Bestreben des Taxators, innerhalb der einzelnen Districte auf Bestandeseinheit hinzuwirken. Hinsichtlich des Minimums der Flächengrösse der Abtheilungen weichen die Angaben der Lehrbücher und Instructionen vielfach von einander ab. Die für den Regierungsbezirk Cassel massgebenden Bestimmungen enthalten Vorschriften für die am häufigsten vorkommenden Fälle, welche die Abtheilungsbildung verursachen. Das Vorhandensein verschiedener Holzarten soll nur dann zur Abtheilungsbildung Veranlassung geben, „wenn auf Flächen von angemessener Form und mindestens 1 Ha Grösse im Zusammenhange verschiedene Holzarten dominiren". Bestände derselben Holzart, aber von verschiedenem Alter, werden dagegen nur dann abgesondert, „wenn die Altersdifferenz 20 Jahre übersteigt und die mit verschiedenalterigem Holze bestandenen Flächen mehr als 2 Ha im Zusammenhange einnehmen". Es liegt indessen in der Natur der Sache, dass derartige Bestimmungen nicht mit allzu grosser Consequenz befolgt werden können, dass sie vielmehr dem Taxator nur zu einer allgemeinen Norm dienen sollen, nach der er in den meisten Fällen zu verfahren hat. Dass alle diesbezüglichen Angaben nicht den Anspruch auf allgemeine Gültigkeit machen können, wird ersichtlich, wenn wir nachfolgend die Verhältnisse in Betracht ziehen, welche auf die zweckmässige Minimalgrösse der Bestandesabtheilungen von Einfluss sind.

In erster Linie kommen der Charakter und der Grad der Bestandesverschiedenheiten in Betracht. Werden diese durch Verschiedenheit der Holzarten hervorgerufen, so ist zu berücksichtigen, ob diese in ihrem forstlichen Verhalten grössere oder geringere Verwandtschaft zeigen, ob sie in ähnlicher Weise bewirthschaftet werden und ob insbesondere die Erträge, die sie gewähren, getrennt oder gesondert im Betriebsplane gebucht werden. Am weitesten wird man die Grenzen stecken können, wenn die getrennt vorkommenden Holzarten in anderen Theilen desselben Districtes in gegenseitiger Mischung auftreten, wie es z. B. in den coupirten Districten unseres Hügellandes oft vorkommt, dass auf Köpfen und an Südhängen die genügsamere, an Ost- und Nordhängen die anspruchsvollere zweier Holzarten rein auftritt, die in den übrigen Theilen des Districtes gemischt sind. Hier pflegen wir die oben angegebene Grenze zu überschreiten, wogegen z. B. einzelne Laubholzpartieen im Nadelholze ausgeschieden werden, auch wenn sie jene Grenze nicht erreichen. Geben verschiedene Bestandesalter zur Bildung von Abtheilungen Veranlassung, so kommt die Schnellwüchsigkeit der betreffenden Holzart und die Differenz der verschiedenen Altersstufen hinsichtlich der Bewirthschaftung in Betracht. Junge Orte, die noch der Verbesserung und Bestandespflege bedürfen, sind sorgfältiger von den jüngeren Stangenhölzern abzusondern, als die verschiedenen Stadien des Stangenholzes, wo nur Durchforstungen vorkommen, unter einander. In haubaren Orten sind stets diejenigen Bestandestheile, welche schon angehauen resp. verjüngt sind, von den noch geschlossenen abzutrennen. — Verschiedenheiten des Wuchses geben in der Regel nur dann zur Abtheilungsbildung Veranlassung, wenn der Betriebsplan für die schlechtwüchsigen Theile ganz bestimmte Vorschriften betreffs ihres Abtriebes ertheilt.

Von Einfluss auf die zweckmässige Grösse des Minimums der Bestandesabtheilungen ist ferner die Methode der Taxation. Bedarf diese wie z. B. die sächsische, einer genauen Darstellung der Holzarten und der Altersklassen zur Begründung des Etats, so wird man bei der Abtheilungsbildung sorgfältiger verfahren und relativ kleine Abtheilungen ausscheiden, während für Methoden, welche den Abnutzungssatz aus dem Zuwachse herleiten, das Detail der Bestände minder genau dargestellt zu werden braucht, da man die Zuwachsverhältnisse auch ohne detaillirte Bestandesgliederung mit genügender Genauigkeit darstellen kann.

Weiterhin ist die Abtheilungsbildung abhängig von allen denjenigen Verhältnissen, welche auf die Grösse der Districte von Einfluss sind (conf. Seite 12), insbesondere also von dem Grade der Intensität der Wirthschaft und der Grösse der Besitzeseinheit, zu welchen beiden Factoren die Grösse der Abtheilungen resp. deren Minimum in umgekehrtem Verhältnisse steht.

Wenn nun auch nach den vorstehenden Bemerkungen allgemeingültige Bestimmungen über die Minimalgrösse der Bestandesabtheilungen nicht getroffen werden können, so dürfte doch unter den gegenwärtigen Verhältnissen für grössere Forsten als Regel gelten, dass unter $1/2$ Ha überhaupt nicht ausgeschieden wird. Für die meisten nicht in besonderem Grade intensiv bewirthschafteten und nach einfachen Methoden taxirten Waldungen wird aber dieses Minimum auf 1 Ha und bei geringem Grade der Bestandesverschiedenheit auf eine noch grössere Fläche festgesetzt werden können.

Es erübrigt noch, dem Vorausgegangenen einige Bemerkungen betreffs der Art, wie die Bestandesabtheilungen abgesteckt, gesichert und gemessen werden, hinzuzufügen. Für die preussischen Staatsforsten besteht die zweckmässige Vorschrift, dass die Grenzen der Abtheilungen stets örtlich markirt sein müssen, so dass man, die einzelnen Abtheilungen eines Districtes durchgehend, nirgends im Zweifel ist, welcher Abtheilung jeder Stamm im Walde angehört. Deshalb werden die Abtheilungsgrenzen, sofern sie nicht durch vorhandene Merkmale wie Schneisen, Wasserläufe etc. etc. unzweifelhaft feststehen, vor ihrer Aufmessung abgesteckt. Insbesondere wird dies da nothwendig, wo die vorhandenen Bestandesgrenzen unregelmässig sind, oder wo die Bestandesverschiedenheiten nicht scharf absetzen, sondern allmählich in einander übergehen, wie sich dies in Folge mancher Calamitäten wie Schnee, Windbruch, Streuentzug etc. etc. überall häufig vorfindet. Bei der Absteckung solcher Abtheilungen ist insbesondere darauf zu achten, dass durch dieselben die Grenzen des Verschiedenartigen thunlichst genau getroffen werden. Ferner suchen wir diese Linien möglichst zu strecken und unnöthige Winkel zu vermeiden, unbekümmert darum, ob einzelne Stämme oder schmale Streifen des einen Bestandes einer anderen angrenzenden Abtheilung zufallen.

Die Messung der Abtheilungen geschieht auf einfache Weise, ohne Pedanterie, durch Linearmessung oder auch mit einer einfachen Bussole. Grosse Genauigkeit wird nicht erfordert.

Sofern die Grenzen der Abtheilungen nicht ohne Weiteres deutlich erkennbar sind, müssen sie gesichert werden. Dies geschieht dadurch, dass man an den Winkelpunkten um einen starken Pfahl einen Hügel, zu dem die Erde aus zwei in der Richtung der Winkelschenkel verlaufenden Gräbchen genommen wird, formiren lässt.

Was schliesslich das die Absteckung vollziehende Personal betrifft, so verwenden wir in der Regel Forsteandidaten oder Hülfsjäger dazu; wo diese fehlen, auch Jägerlehrlinge, denen nach Coupons der Specialkarten, bei schwierigen Fällen an Ort und Stelle, die nöthigen Anleitungen gegeben werden.

2. Kapitel.

Die specielle Bestandes- und Standorts-Beschreibung.

Die specielle Beschreibung wird in unmittelbarem Anschlusse an die Abtheilungsausscheidung (bei entsprechender Arbeitstheilung auch gleichzeitig mit dieser) vorgenommen und muss allen übrigen taxatorischen Arbeiten vorausgehen. — So einfach die Beschreibung eines einfachen regelmässigen Bestandes auch ist, so wird dies Geschäft doch schwieriger und verlangt Umsicht und Kenntniss aller den Holzwuchs betreffenden Verhältnisse, wenn innerhalb derselben Abtheilung die Holzarten und Holzalter, der Wuchs und die Höhen, Kernwüchse und Stockausschläge unregelmässig wechseln. Hierzu kommt noch, dass der Taxator auf Grund der Beschreibung sich seine Ansicht bildet über die Bewirthschaftung der Bestände und diese im unmittelbaren Anschluss an erstere notirt. Deshalb ist es in unserer Taxations-Commission Regel, dass die Bestandesaufnahmen durch denjenigen vollzogen werden, dem die Aufstellung des Planes übertragen ist, wogegen die Ermittelung der Holzmassen und der Zuwachsverhältnisse Hülfsarbeitern (Candidaten und Hülfsjägern) übertragen werden kann.

Von einer guten Bestandesbeschreibung verlangen wir, dass sie kurz und prägnant das Charakteristische des Bestandes hervorhebe, dass sie sich dagegen der Angaben des aus den allgemeinen forstlichen Verhältnissen Selbstverständlichen enthalte. Die Kürze der Beschreibung ist dadurch begründet, dass einmal generelle Revierbeschreibungen gefertigt werden, welche über die Geschichte und den allgemeinen Charakter der vorkommenden Bestandesgruppen referiren, dass zum anderen die Beamten, welche von dem Plane Gebrauch machen, mit den allgemeinen Verhältnissen des Revieres bekannt sind. Was zunächst die Form betrifft, nach welcher die Bestandesverhältnisse in die Betriebspläne eingetragen werden, so nimmt dieselbe um so mehr einen zahlenmässigen, statistischen Charakter an, je einfacher und regelmässiger die Bestände sind, sie geht um so mehr zur eigentlichen Beschreibung über, je unregelmässiger und in sich mannichfaltiger dieselben sind. Gleichalterige Bestände einer Holzart gestatten die kürzeste Behandlung. Sind hier keine ungewöhnlichen Verhältnisse zu registriren, so ist bei ihnen eine Beschreibung ganz überflüssig; durch die Angabe der Holzart, ihres Alters und Vollertragsfactors sind sie genügend charakterisirt.

Bei gemischten Beständen wird als vorherrschende Holzart diejenige angesehen, welche dem Bestande sein charakteristisches Gepräge aufdrückt. In der Regel ist dies bei gleichalterigen Beständen die, welche auch der Masse nach überwiegt. Doch kommt auch der umgekehrte Fall vor, dass die der Masse nach vorherrschende Holzart an wirthschaftlicher Bedeutung gegen eine andere zurücksteht. So pflegen wir z. B. Buchenbestände auf Buchenstandort, in welche Nadelholz reichlich eingesprengt ist, auch wenn das letztere der Masse nach vorwiegt, als Buche zu beschreiben, weil hier die Buche es ist, welche den Bodenzustand, die Höhe des Umtriebes und die Betriebsklasse bestimmt. — Die vorherrschende Holzart wird stets an die Spitze der Beschreibung gestellt. Kommen mehrere Holzarten in ziemlich gleichem Grade vor, so werden sie durch coordinirende Partikeln, sind die eingemischten Holzarten in schwächerem Grade vertreten, so werden sie durch subordinirende Partikeln mit der Hauptholzart verbunden. Die Art der Mischung wird im Text der Beschreibung durch bezeichnende Beiwörter und der Grad derselben am Schlusse der Beschreibung in Zehnteln ausgedrückt. Es werden hierbei, wenn eine Holzart nicht etwa eine besondere Bedeutung hat, nur Holzarten berücksichtigt, welche zu 0,1 und mehr am Bestande Theil haben.

Bei Beständen mit verschiedenen Altersklassen ist zu unterscheiden, ob dieselben allmählich in einander übergehen, oder ob zwei oder mehrere scharf geschiedene Bestandestheile vorhanden sind. Ersteres findet z. B. beim Femelwalde und dem Oberholze des Mittelwaldes, letzteres bei den in der Verjüngung begriffenen und unterbauten Beständen statt. Im ersteren Falle wird bei der Beschreibung des Bestandes stets diejenige Altersklasse hervorgehoben, welche am stärksten vertreten ist und den Bestand am entschiedensten charakterisirt. Im Texte der Beschreibung sind hier, und zwar für jede Holzart besonders, sowohl die Altersgrenzen als auch das mittlere Alter anzugeben. Das Durchschnittsalter für den ganzen Bestand resultirt aus den Durchschnittsaltern der verschiedenen Holzarten; nach ihm wird der Bestand in die Altersklassentabelle eingetragen. — Bestände zweier scharf geschiedenen Altersklassen verlangen stets eine zweifache Beschreibung, für Alt- und Jung- resp. Ober- und Unterholz. Dem entsprechend ist es auch am correctesten, wenn die in der Verjüngung begriffenen Bestände zwei verschiedenen Altersklassen, einer für Alt- und einer für Jungholz zugetheilt werden. Die Flächenantheile sind hierbei nach Maassgabe des vorhandenen Altholzvorrathes und der Vollständigkeit des Jungwuchses zu bestimmen. Das mittlere Alter der ungleichalterigen Bestände und Bestandestheile wird, unter Zuhülfenahme alter Abschätzungswerke, durch Messung einzelner Stämme auf Stöcken etc. etc. stets nur eingeschätzt nach Maassgabe der Stammzahl, der Massen und der wirthschaftlichen Bedeutung der verschiedenen Holzalter und Holzarten. Die Anwendung von Altersformeln ist nicht zweckmässig, da man durch dieselben keine besseren Resultate als durch Schätzung erzielt und eine sehr exacte Behandlung dieses Gegenstandes keinen Werth hat.

Ueber die Entstehung der Bestände resp. der einzelnen Bestandestheile hat die specielle Beschreibung nur dann zu referiren, wenn dieselbe für das Verhalten der Holzart und ihre wirthschaftliche Behandlung nach irgend einer Richtung charakteristisch ist und sich nicht aus den allgemeinen Verhältnissen, die in der generellen Revierbeschreibung erörtert werden, von selbst versteht. Ebenso giebt der Wuchs der Bestände nur dann zu besonderen Bemerkungen Veranlassung, wenn er von dem mittleren Wuchse auf der entsprechenden Standortsklasse erheblich abweicht. Dasselbe gilt auch vom Schluss der Bestände; nur bei unvollkommenen Beständen ist der Vollbestandsfactor besonders zu erwähnen. Regelmässig wird dagegen der Vollertragsfactor, der zur Reduction der Flächen und zur Massenberechnung bei Anwendung des combinirten Fachwerkes nöthig ist, angesprochen und als Decimalbruch mit einer Decimale in die Tabelle der Beschreibung eingetragen.

Gleichzeitig mit der Beschreibung der Bestände wird auch diejenige des Standortes vorgenommen. Sie erstreckt sich auf Lage und Boden. Zur Charakterisirung ersterer wird im Speciellen meist nur Exposition und Abdachung angegeben und etwa sonst noch besondere charakteristische Momente Freilage, Mulde, Plateau); alle weiteren Bemerkungen über Höhenlage, Clima etc. etc. werden nur in der generellen Revierbeschreibung niedergelegt. Was den Boden betrifft, so ist stets dessen materiellen Beschaffenheit, seiner Frische und Tiefgründigkeit, sowie des Bodenüberzuges kurz Erwähnung zu thun. Hierdurch wird er in der Regel genügend charakterisirt. Bei gleichartigen Bodenverhältnissen sind auch die Bemerkungen über Tiefgründigkeit und Frische nur dann erforderlich, wenn diese Factoren von dem mittleren Charakter des Standortes der betreffenden Betriebsklasse abweichen. Die Bonitirung geschieht nach der Wüchsigkeit und der Stammlänge des Holzes, dem Bodenzustand und dem Bodenüberzug. Auch ist der Einfluss der Lage zu beachten, sofern sich dieselbe nicht schon vollständig im Wuchse des zu bonitirenden Bestandes ausgesprochen hat. Es sind für die hessischen Staatsforsten fünf Bonitätsklassen für jede Holzart gebildet, denen die normalen Erträge regelmässiger Hochwaldungen zu Grunde liegen. Nach diesen, den Burckhardt'schen nachgebildeten Ertragstafeln werden die Bestände angesprochen, wobei indessen wegen der Unregelmässigkeit der Bestandesverhältnisse numerische Genauigkeit nicht erwartet werden kann. Die Bonitirung gemischter Bestände geschieht nach der vorherrschenden Holzart; ist eine eingemischte Holzart zu mehr als 0,3 vertreten, so wird auch für diese die Bonität notirt. Ebenso ist bei Umwandelungsbeständen sowohl nach der vorhandenen, als auch nach der anzubauenden Holzart zu bonitiren. Bei allen diesen Bonitirungen nach mehreren Holzarten ist darauf zu achten, dass die Bonitäten der genügsameren Holzarten einen weiteren Umfang haben, als die der anspruchsvolleren; dass ferner die Bonitäten verschiedener Standorte für verschiedene Holzarten nicht gleichmässig zu- und abnehmen, dass vielmehr z. B. die Tiefgründigkeit auf Eiche und Kiefer, Frische auf Fichte und Buche einen relativ höheren Einfluss ausübt.

3. Kapitel.
Die Aufnahmen der Holzmassen und des Zuwachses.

In Preussen werden in der Regel die Holzmassen derjenigen Bestände, welche in den nächsten 20 Jahren zum Abtrieb oder zur Verjüngung gelangen sollen, durch specielle Kluppirung ermittelt. Sind die Bestandesverhältnisse regelmässiger, so begnügt man sich auch wohl mit Probeflächen. Die Holzmassen werden getrennt nach den einzelnen Holzarten aufgenommen und in die Betriebspläne gebucht.

Hinsichtlich der Art und Weise, wie bei der Holzmassenberechnung verfahren wird, bietet die Geschichte unserer Taxationen nichts Bemerkenswerthes; es bleibt dem Taxator überlassen, eine Methode anzuwenden, die ihm nach den concreten Verhältnissen am geeignetsten erscheint. Wir verzichten hier deshalb gänzlich auf die Art und Weise der Ausführung der Holzmassenaufnahmen, beschränken uns vielmehr darauf, die wesentlichste Richtung anzudeuten, welche unser Taxationsverfahren in dieser Beziehung genommen hat. Diese besteht darin, dass im Verlaufe unserer Arbeiten die Bedeutung der Ocularschätzung zum Zwecke der Betriebsregelung gegenüber der Massenermittelung durch Messen und Rechnen mehr und mehr hervorgetreten ist. Die Gründe hierfür liegen in folgenden Umständen:

Zunächst ist hervorzuheben, dass es sich bei einer Taxation

gar nicht darum handelt, auf eine exacte Methode und örtlich
scharf begrenzt zu bestimmen, was innerhalb des Zeitraumes, für
welchen der Betriebsplan aufgestellt wird, geschlagen werden
soll. Es würde dies gar nicht möglich sein, weil die Verhältnisse, welche den thatsächlichen Gang der Abnutzung bestimmen,
sich zur Zeit der Aufstellung des Betriebsplanes, insbesondere
wenn derselbe für lange Zeiträume Geltung haben soll, gar nicht
übersehen lassen. Wenn den einzelnen Perioden immer volle
Districte resp. Abtheilungen überwiesen werden, so geschieht
dies der Einfachheit wegen, um unnöthige Abtheilungsbildungen
und Flächenberechnungen zu vermeiden. Dass die wirkliche Abnutzung anders und gewöhnlich langsamer von statten geht, als
die planmässige, wird die Geschichte der meisten Taxationen
bestätigen. Wird in Kahlschlägen gewirthschaftet, so geschieht
es häufig, dass es der Betriebsführer vorzieht, die Schläge kleiner zu machen, oder sie länger ruhen zu lassen, als der Taxator
dies vorgesehen hat und die hierdurch erfolgenden Minderertäge
durch andere Hiebe zu ersetzen. In der Buchenwirthschaft hängt
die Zeit und der Grad der Holznutzung insbesondere von dem
Eintritt der Verjüngung, der Entwickelung und der Lichtbe-
dürftigkeit des Aufschlags ab. Ob ein Bestand in der bevorstehenden Wirthschaftsperiode in Vorbereitungs- und Besamungs-
schlag gestellt, oder ob er auch gelichtet und abgetrieben wird,
ob in ihm in der ersten Periode 200 oder 300 Festmeter pro Ha
genutzt werden, lässt sich nicht 20 Jahre voraussehen. In den
Weisstannenrevieren, wo die Verjüngung immer länger dauert,
als die Perioden der Betriebspläne und der Betrieb stets durch
die Absatzverhältnisse beeinflusst wird, ist eine genaue Voraus-
bestimmung der Abnutzung ebensowenig möglich. Für Lich-
tungsbetriebe endlich handelt es sich nur darum, einen aliquoten
Theil der gesammten Masse zur Nutzung vorzuschlagen, der
dann in der Regel mit hinlänglicher Genauigkeit eingeschätzt
werden kann. Unter allen diesen und auch den meisten anderen Verhältnissen bringen unvorhergesehene Ereignisse grössere
Abweichungen der Abnutzung gegenüber der Schätzung hervor,

als die Fehler, die bei der Ocularschätzung durch ein geschultes Taxationspersonal oder einen erfahrenen Verwaltungsbeamten vorkommen.

In dem vorstehend angedeuteten Umstande, dass das Vermögen der Ocularschätzung durch Uebung und Erfahrung einer sehr bedeutenden Vervollkommnung fähig ist, liegt ein weiterer Grund ihrer Bedeutung für die praktische Taxation. Gleichalterige Bestände einer Holzart lassen sich unter Zuhülfenahme von localen Erfahrungen in der Regel mit hinlänglicher Genauigkeit auf ihren Holzgehalt einschätzen, ebenso auch Mischungen von Holzarten, die im Etat nicht gesondert werden. Holzarten, die nur in schwachem Grade eingesprengt sind und wenig Masse liefern, können gleichfalls oculariter taxirt werden. Unregelmässige Mischungen verschiedener gesondert zu buchender Holzarten, erfordern dagegen in der Regel die Aufnahme mit der Kluppe, weil deren Ocularschätzung sehr viel schwieriger ist. Bezüglich der Kluppirungen muss indessen andererseits bemerkt werden, dass auch sie unter sehr unregelmässigen Bestockungsverhältnissen durchaus keine genauen Resultate liefern. In Hessen sind unsere unregelmässigsten Bestände die auf coupirtem Terrain stockenden, durch Streuentzug, Frevel und ungeregelten Holzhieb rückgängigen, in der Ueberführung zum Hochwald begriffenen Mittelwaldbestände. Buche bildet in ihnen meist den Grundbestand, Eiche und Weichhölzer sind in wechselnder Menge beigemischt. Die Stockausschläge des früheren Unterholzes und die verschiedenen Klassen des Oberholzes wechseln in unregelmässigen Verhältnissen. Der Verfasser hatte mehrere derartige Reviere, die Oberförstereien Wildeck, Stölzingen und Rotenburg im Regierungsbezirk Cassel zu taxiren, liess in der ersteren die Holzmassen mit der Kluppe aufnehmen, kam aber im Laufe der Arbeit zu der Ueberzeugung, dass sich durch die Holzmassenberechnung keine besseren Resultate erzielen liessen, als durch eine sorgfältige Ocularschätzung, die dann auch später in Anwendung gebracht wurde.

Es geht aus den vorstehenden, der praktischen Beschäftigung

mit diesem Gegenstande und der Beobachtung anderer Taxationsverfahren entnommenen Bemerkungen hervor, dass die Ansicht, als seien die exacten Methoden der Holzmassenaufnahme ein unbedingter Fortschritt gegenüber der Oculartaxation, eine irrige ist. Diese letztere wird vielmehr um so mehr zur Anwendung kommen, je regelmässiger die Bestände sind, je entwickelter die Wirthschaft, je geordneter die Buchführung und je gebildeter das Taxations- resp. Verwaltungspersonal ist. Ob nun gleich voraussichtlich auch in der Zukunft Bestandesmessung, Probeflächen und Ocularschätzung neben einander in Anwendung bleiben werden, so dürfte es danach doch keinem Zweifel unterliegen, dass mit dem Fortschreiten der Wirthschaft und der taxirenden Personen auch die Ocularschätzung gegenüber der Massenermittelung durch Messen und Rechnen zunehmen muss.

Aehnlich wie mit der Aufnahme der Holzmassen verhält es sich in der angegebenen Richtung auch mit dem Zuwachs. Gemäss dem in Preussen gültigen Taxationsformulare nehmen unsere Taxatoren nur denjenigen Zuwachs auf, welcher an den für die nächsten 20 Jahre zum Endhieb projectirten Beständen erfolgen soll. Dieser wird nach dem Alter und der Wüchsigkeit der Bestände und auf Grund von Messungen an geeigneten Stämmen als Procent geschätzt und der gekluppten resp. geschätzten Holzmasse, auf 10 Jahre berechnet, hinzugefügt. Eine zweckmässige Vervollständigung dieser Vorarbeit wäre es, wenn der Durchschnittszuwachs für jeden einzelnen Bestand aufgenommen, pro Flächeneinheit und im Ganzen in die Pläne eingetragen und aufsummirt würde. Hierdurch ergäbe sich der geeignetste Maassstab für die Etatsbegründung, der uns, wenigstens für Wirthschaften mit natürlicher Verjüngung, jetzt noch mangelt.

Zweiter Abschnitt.
Der Betriebsplan.
1. Kapitel.
Die Bildung der Betriebsverbände.

Eigentliche Wirthschaftsverbände, d. h. organische, in innerem Zusammenhange stehende Glieder einer Wirthschaftseinheit giebt es überall nur zwei. Wir nennen sie **Betriebsklassen** und **Hiebszüge**. Erstere umfassen diejenigen Bestände einer Wirthschaftseinheit, welche einer gleichartigen Bewirthschaftung unterworfen werden sollen, Letztere solche Theile der ersteren, welche in einer regelmässigen Folge hinsichtlich ihres Abtriebes oder ihrer Verjüngung stehen. Wenn in der Literatur und in den Taxationsinstructionen vielfach andere Bezeichnungen für die bei der Betriebsregelung zu bildenden Theile der Wirthschaftseinheiten vorkommen, so bezeichnen sie entweder dasselbe, was vorstehend durch Betriebsklassen und Hiebszüge ausgedrückt ist, oder es sind einfache locale Theilungen eines grösseren Wirthschaftskomplexes. Das letztere ist der Fall bei unseren „Blöcken". In Preussen wird jedes grössere Staatsforstrevier in eine Anzahl sogen. Blöcke zerlegt, innerhalb deren ein fortlaufend jährlicher Betrieb entweder sofort geführt oder angebahnt werden soll. Durch diese Blockbildung soll insbesondere die locale Vertheilung der Altersklassen und der periodischen Erträge, und somit auch die Möglichkeit der Bedarfsbefriedigung des Consumtionsbezirkes nachgewiesen werden; dieselbe soll ferner den Zwecken der Arbeitstheilung dienen und gewährleisten, dass den einzelnen Schutzbeamten nicht zu viel und nicht zu wenig an jährlichen Schlagflächen überwiesen wird, weshalb man in der Regel die Grenzen der Blöcke, sofern nicht besondere Gründe ein Anderes verursachen, mit denjenigen der Schutzbezirke zusammenfallen lässt. Bestimmungsgründe für die Blockbildung sind daher der räumliche Zusammenhang der Flächen und ihre Ausdehnung. Die Blockbildung ist somach nur eine mechanische Theilung einer Wirthschaftseinheit, die für grössere Reviere des angedeuteten Zweckes halber sehr zweckmässig ist, für die aber eine Nöthigung aus inneren wirthschaftlichen Gründen nicht besteht. Ein Block kann daher auch die verschiedensten Holz- und Betriebsarten und Umtriebszeiten in sich vereinigen. Eigentliche Wirthschaftsverbände, deren Glieder in einem inneren Zusammenhange stehen und deren Bildung durch die Blöcke nicht beeinflusst wird, giebt es nur die zwei genannten.

I. Betriebsklassen.

Durch die Betriebsklassenbildung sollen diejenigen Bestände eines Wirthschaftsganzen zu einem einheitlichen Verbande zusammengefügt werden, welche innerhalb des Zeitraumes, für welchen der Wirthschaftsplan aufgestellt wird, einer verschiedenartigen Bewirthschaftung unterliegen sollen. Eine verschiedenartige Bewirthschaftung wird bedingt durch Verschiedenheit der Betriebsart, der Holzart und der Umtriebszeit und es müssen also auch diese drei Factoren die Bildung der Betriebsklassen bedingen. Die Zahl derselben muss daher, wenigstens theoretisch, innerhalb einer Wirthschaftseinheit so gross sein, als es den Combinationen, die sich aus den vorkommenden Holzarten, Betriebsarten und Umtriebszeiten ergeben, entsprechend ist. In der Praxis gestaltet sich indessen in der Regel die Betriebsklassenbildung einfacher. Zunächst wird sie beschränkt durch eine gewisse Minimalgrösse. Das Maass derselben ist je nach der Grösse der betreffenden Wirthschaftseinheit und dem Betriebscharakter ein verschiedenes, wird indessen der Forderung genügen müssen, dass ein nachhaltiger Betrieb innerhalb jeder Betriebsklasse in Aussicht genommen werden kann. Diese Forderung kann man, wo eine Periodenbildung stattfindet, als befriedigt ansehen, wenn jeder Periode ein District resp. eine grössere ständige Abtheilung überwiesen werden kann. — Modificirend auf die Betriebsklassenbildung wirkt ferner das Bestreben des Taxators, wirthschaftliche Verschiedenheiten geringeren Grades nicht in besonderen Betriebsklassen zum Ausdruck zu bringen, Bestände, die solche enthalten, vielmehr zu gemeinsammen Klassen zu vereinigen. Am wenigsten wird eine solche Verschmelzung verschiedenartiger Bestände zu einheitlichen Klassen bei abweichenden Betriebsarten möglich sein. Verschiedene Betriebsarten verlangen nach jeder Richtung hin eine zu verschiedenartige taxatorische und wirthschaftliche Behandlung, als dass die Vereinigung zu derselben Betriebsklasse thunlich erscheinen könnte. Eher ist dies schon möglich bei verschiedenen Holzarten und zwar um so mehr, je näher dieselben einander in wirthschaftlicher Beziehung stehen. So können z. B. Fichten und Kiefern auf nicht zu sehr verschiedenen Bonitäten ohne irgend welchen Nachtheil zu gemeinsamen Klassen vereinigt werden. — In noch höherem Grade als bei den Holzarten ist die Verschmelzung bei verschiedenen Umtrieben zulässig. Die Gleichheit des Umtriebes innerhalb einer Betriebsklasse ist ein rein theoretischer und auch theoretisch keineswegs hinlänglich zu begründender Satz, der die Möglichkeit eines ständigen, durch die Wirthschaft zu erstrebenden Normalzustandes zur Voraussetzung hat, welch' letzterer, sofern man ihn nicht als einen rein ideellen, sondern als concreten, durch Zahlen ausdrückbaren, auffasst, nirgend existirt. Nicht nur sind die thatsächlichen, gegenwärtigen und zukünftigen Umtriebszeiten je nach dem Verhältniss und der Gruppirung der Altersklassen, dem Zustande der Bestände in Folge physischer und wirthschaftlicher Ereignisse von den als normal angenommenen vielfach sehr abweichend, — auch diese letzteren können durchaus nicht mit dem Anspruch festgesetzt werden, dass sie allgemeine und dauernde Geltung haben sollen. Sie sind zunächst zeitlich verschieden, je nach den Ansichten der bestimmenden Behörden, den Bedürfnissen des Absatzmarktes und den Hülfsmitteln, die diesem durch die Zufuhr von Holz aus anderen Gegenden und von Brennstoffsurrogaten zugehen können — sie sind ferner ungleich für die verschiedenen Bonitäten. Mit deren Höhe steigt und fällt die Umtriebszeit. Wollte man nun für jede Bonität, der eine besondere Umtriebszeit zukommt, eine besondere Betriebsklasse ausscheiden, so erhielte man eine sehr complicirte Betriebsorganisation. Für die Praxis kann es nur darauf ankommen, charakteristische Verschiedenheiten zu Betriebsklassen abzusondern, die entweder eine verschiedene wirthschaftliche Behandlung, oder wesentliche Verschiedenheit der Qualität der Ernteproducte bedingen. So werden z. B. Kiefern-Starkholz-Bestände mit 120 jähriger und Kiefern-Brennholz-Bestände mit 50—60 jähriger Umtriebszeit von einander geschieden; Hochwaldbestände dagegen, deren Differenz im normalen Abtriebsalter 10, 20 oder auch 30 Jahre beträgt, werden zu gemeinsamen Betriebsklassen vereinigt.

Untersucht man die tieferen Ursachen für die Bildung der Betriebsklassen, so wird man in erster Linie den Standort als solche gelten lassen müssen. Innerhalb einer Wirthschaftseinheit werden in der Regel die Abweichungen in Betriebsart, Holzart und Umtrieb durch die Factoren des Standortes bedingt. Indessen wird man trotz dieser nothwendigen inneren Beziehung, die zwischen Standort und Betriebsklasse stattfindet, durchaus nicht behaupten können, dass die Betriebsklassenbildung ausschliesslich durch den Standort bedingt werde, dass Gleichheit des Standortes auch stets Einheit der Betriebsklassen begründe. Diese können und müssen vielmehr um so erheblicher abweichen, je besser die Standortsverhältnisse sind und je vielseitiger die Ansprüche, die Seitens des Consumtionsbezirkes an die Forstwirthschaft gestellt werden. Auf den geringeren Standorten, wie z. B. auf armem Sandboden, in Hochlagen, ist oft gar nicht die Möglichkeit, geschweige denn die Zweckmässigkeit vorhanden, auf demselben Standorte einen verschiedenen Betrieb zu führen, daher hier auch durch den Standort zugleich die Betriebsklasse charakterisirt ist. Auf den besseren Standorten liegt nicht nur die Möglichkeit vor, auf gleichem Boden verschiedene Betriebsformen herzustellen, eine solche Mehrheit wird sich sogar häufig, indem durch sie eine grössere Mannichfaltigkeit in der Erzeugung von Producten hervorgerufen wird, für die Rentabilität der Wirthschaft sehr förderlich erweisen. Ebenso wie es sich empfehlen kann, auf neben einander liegenden Flächen gleichen Standortes verschiedene Betriebsklassen herzustellen, können es auch die Umstände gerechtfertigt oder nothwendig erscheinen lassen, auf ein und derselben Fläche zeitlich mit den Betriebsklassen zu wechseln. Dies geschieht, wenn Ueberführungen von einer zu einer anderen Holz- oder Betriebsart stattfinden. Derartige Umwandelungen kommen jetzt in Hessen häufig vor. Die Ursachen, welche sie bewirken, liegen insbesondere in dem Umstande, dass in Folge früherer starker Servituten, insbesondere starker Streunutzung, der Boden an vielen Orten die Fähigkeit, Laubholz zu tragen, verloren hat, so dass man an vielen Orten genöthigt ist, den früheren Laubwald in Nadelholz überzuführen. An anderen Orten findet wieder eine Rückumwandelung von Nadelholz zu Laubholz statt; es werden ferner vielfach die früheren Mittelwaldbestände in Hochwald übergeführt. Durch jede derartige Ueberführung ändern sich die Betriebsklassen. Diese haben deshalb im Gegensatze zur wirthschaftlichen Eintheilung einen mehr beweglichen Charakter. Wie sich diese Veränderungen in der Folge gestalten werden, welchen Einfluss die Ablösung der Servituten, der Ausbau der jetzt projectirten Wegnetze, die leichtere Möglichkeit der Zufuhr von Brennstoffsurrogaten durch Eisenbahnverbindungen auf den Holzanbau und hiermit auch auf die Betriebsklassenbildung üben werden, lässt sich bei Aufstellung des Planes für längere Zeit nicht voraussehen. Deshalb berücksichtigt der Taxator bei der Bildung der Betriebsklassen nur diejenigen Bestandesveränderungen, welche in der nächsten Wirthschaftsperiode vorgenommen werden sollen, ungewisse Umwandelungsprojecte, wie es die der späteren Perioden sind, bleiben unberücksichtigt. Es werden sonach Laubholzbestände, die in der nächsten Wirthschaftsperiode in Nadelholz übergeführt werden sollen, der Nadelholzbetriebsklasse zugetheilt, wogegen diejenigen, mit denen dies unter Zugrundelegung der jetzigen Ansichten, in späteren Zeitabschnitten stattfinden würde, in demjenigen Verbande, denen sie nach Maassgabe ihres dermaligen Zustandes gehören, verbleiben. Aus dem im Vorstehenden über die Betriebsklassen und früher über die Abtheilungsausscheidung Gesagten ergiebt sich, dass die örtliche Abgrenzung der ersteren keinen besonderen Arbeitsabschnitt bei unseren Taxationen ausmacht. Die Betriebsklassen ergeben sich vielmehr im Verlaufe der Taxationsarbeiten ohne Weiteres dadurch, dass der Taxator, indem er die einzelnen Bestandesabtheilungen durchgeht, im unmittelbaren Anschlusse an die specielle Beschreibung notirt, welcher Betriebsklasse dieselben eingereiht werden sollen.

II. Hiebszüge.

Die Rücksichten, welche bei der Regelung der Hiebsfolge genommen werden, sind so sehr Sache localer Natur, abhängig vom Terrain, den jeweiligen Holzbeständen, der localen Windrichtung, der Art der Verjüngung und Schlagführung, dass Seitens unserer Taxations-Commission keine allgemeinen Regeln hierüber ertheilt werden. Da die Hiebszüge in der Regel einen ständigen Charakter tragen sollen, so ist Gleichheit des Umtriebes der zukünftigen Bestände, welche Hiebszüge bilden sollen, erforderlich. Am wichtigsten ist es bei der Regelung der Hiebsfolgen, dass die Anhiebsflächen des bevorstehenden Wirthschaftszeitraumes mit Rücksicht auf zweckmässige Bestandeslagerung und Ertragsvertheilung richtig gewählt werden. Es empfiehlt sich sehr, dieselben in der generellen Revierbeschreibung besonders hervorzuheben, oder auch, wie es in Sachsen üblich ist, durch Schraffirung auf den Wirthschaftskarten zu bezeichnen. Die Anfänge der Hiebszüge fallen, wo die Districtsgrenzen durch Terrainlinien gebildet werden, nothwendig auf diese, da von ihnen aus der Hieb oft nach entgegengesetzten Richtungen fortschreitet. Aber auch bei künstlichen Eintheilungen ist es zweckmässig, Hiebszugsgrenzen und Districtsgrenzen zusammenfallen zu lassen. Sofern dies wegen der gegenwärtigen Bestandesbeschaffenheit nicht angeht, wird durch die Betriebsdispositionen darauf hingewirkt. Als die praktisch bedeutsamste Frage für die weitere Gestaltung der Hiebszüge erscheint in der Regel die, ob Bestände, welche in der Richtung des Hiebszuges liegen, ihrem Alter nach aber zu einem gleichzeitigen Abtrieb mit den angrenzenden Beständen nicht geeignet sind, im Anschlusse an diese abgetrieben oder bis zur nächsten Umtriebszeit übergehalten oder unabhängig von ihrer Umgebung verjüngt werden sollen. Diese Frage ist concreter Natur und wird in den concreten Fällen nach der grösseren oder geringeren Sturmgefahr und der Werthsdifferenz, welche mit dem späteren oder früheren Abtriebe verbunden ist, entschieden. Wir pflegen indessen einem geregelten Waldzustand der Zukunft auch einige Opfer in Hinsicht der Umtriebszeiten zu bringen, was unter den in Hessen noch vorherrschenden reinen Brennholzbeständen ohne grosse Opfer am Werthszuwachs möglich ist. Die diesbezüglichen Erwägungen sind ein Hauptmoment für die Bestimmung der Abtriebsperioden, welche auf den Wirthschaftskarten eingetragen und durch farbige Umränderung kenntlich gemacht werden. Werden nach deren Festsetzung Bestände durch den Abtrieb vorliegender Orte gefährdet, so werden 20—30 Meter breite Loshiebe projectirt, welche die exponirten Bestände wehrhaft machen sollen.

Weitere Bezeichnungen der Hiebszüge, als durch die Markirung der Anhiebsflächen und die Bezifferung der Abtriebsperioden, finden nicht statt.

2. Kapitel.

Ertragsregelung.

Die in Preussen zur Anwendung kommende Ertragsregelungsmethode ist bekanntlich ein Periodenfachwerk. Behufs Ordnung und übersichtlicher Darstellung der Ertragsverhältnisse wird ein Einrichtungszeitraum festgesetzt, der gewöhnlich gleich der am meisten vorkommenden Umtriebszeit angenommen wird. Dieser wird in 20jährige Perioden eingetheilt, welchen die einzelnen

Districte resp. Abtheilungen mit ihren Erträgen überwiesen werden. Die Bestimmung dieser Einordnung erfolgt, indem der Taxator die einzelnen Abtheilungen durchgeht und sich gemäss ihrem dermaligen Bestandeszustande, und geleitet von dem Bestreben, eine geordnete Bestandesgruppirung und wirthschaftliche Einheit innerhalb der einzelnen Districte zu erzielen, ein Urtheil bildet über die zweckmässigste Zeit des Abtriebes. Je nach dem gegenwärtigen Altersklassenverhältnisse sucht er dabei die periodische Vertheilung so zu ordnen, dass Perioden, die bei Einhaltung der normalen (mittleren) Umtriebszeit zu kurz kommen, begünstigt werden und umgekehrt. — Sind die Altersklassen und Bestockungsverhältnisse ziemlich regelmässig, so werden für die zweite und die späteren Perioden nur die Flächen ausgeworfen, da angenommen wird, dass dann mit der Flächenordnung auch die Regelung des Ertrages genügend gewährleistet sei. Je nach dem Zustande der Boden- und Bestandesverhältnisse werden hierbei entweder nur die einfachen, oder neben diesen auch noch die auf die mittlere, am häufigsten vorkommende Standortsbonität reducirten Flächen ausgeworfen. Sind dagegen die Bestandesverhältnisse sehr unregelmässig, entsprechen die zu erwartenden Erträge nicht den Bonitäten des Standortes, finden ungewöhnliche Hiebsarten, Aushiebe oder Ueberführungen von einer zu einer anderen Betriebsart statt, so wird die Ertragsberechnung für alle Perioden des Einrichtungszeitraumes durchgeführt. Die blockweise und summarisch sowohl für jede einzelne Betriebsklasse als im Ganzen anzufertigenden Abschlüsse weisen nach, wie sich das gegenwärtige Altersklassenverhältniss und die periodische Vertheilung der Erträge sowohl innerhalb der einzelnen Blöcke und Betriebsklassen, als auch im Ganzen gestaltet. Sind alsdann diese Nutzungsflächen resp. die Massen noch in höherem Maasse ungleich, als es den Verhältnissen nach zu sein braucht, so wendet man den Mechanismus des Verschiebens an, welcher indessen, da die wichtigeren Rücksichtnahmen schon vorausgegangen sind, in der Regel nur noch unbedeutende Aenderungen verursacht. Die Holzerträge für die erste Periode ergeben sich, getrennt nach den vier Holzartenklassen des Controlbuches — Eiche, Buche, anderes Laubholz, Nadelholz — aus den Resultaten der Kluppirungen resp. Schätzungen und dem diesen zugefügten Zuwachse —.

Es sind, wie in dem Vorstehenden angeführt worden ist, drei verschiedene Methoden der formellen Ertragsregelung in unserer Taxations-Commission in Anwendung:
1. ein combinirtes Fachwerk;
2. ein Flächenfachwerk mit einfachen und reducirten Flächen;
3. ein Flächenfachwerk mit nur einfachen Flächen.

Wir werden nun in Nachfolgendem in Anlehnung an die forstlichen Verhältnisse unseres Regierungsbezirkes und gestützt auf die durch deren Taxation in dem letzten Jahrzehent gewonnenen Erfahrungen, die relativen Vorzüge und Mängel dieser drei Methoden beleuchten und zugleich die Verbesserungen andeuten, deren unsere formellen Methoden fähig resp. bedürftig sind.

I. Die Anwendung des combinirten Fachwerkes.

Was zunächst die Ermittelung der Holzmassen für die späteren Perioden betrifft, die dieser Methode eigenthümlich ist, so geschieht diese nach Ertragstafeln, deren Angaben mit dem Vollertragsfactor multiplicirt werden. Für ungleichalterige Bestände wird das mittlere Alter des Bestandes zu Grunde gelegt, für gemischte Bestände geschieht die Ertragsberechnung nach der prädominirenden Holzart. Die Massen der eingemischten Holzarten werden nur dann besonders berechnet, wenn dieselben mindestens zu 0,3 der gesammten Masse vorhanden sind.

Als ein besonderer Vorzug dieser Methode wird hervorgehoben, dass der Nachweis der Nachhaltigkeit der Erträge durch sie am besten geführt werde. Dass ihr indessen dieser Vorzug nicht mehr als manchen anderen Methoden zukommt, dass ihre praktische Anwendung dagegen mit starken Mängeln behaftet ist, wird aus nachfolgenden Bemerkungen hervorgehen:

Erstens stehen keine für ihre Anwendung genügenden Ertragstafeln zu Gebote. Gerade unter denjenigen Verhältnissen, unter denen man vom combinirten Fachwerk Gebrauch zu machen veranlasst sein würde, fehlen diese. In den hessischen Staatsforsten sind es insbesondere die in der Ueberführung zum Hochwald begriffenen, durch Frevel, Streuentzug und andere Servituten rückgängigen Mittelwaldungen, für welche diese Methode in erster Linie in Anwendung kommen müsste. Man hilft sich hier, wie schon angedeutet, betreffs der Holzmassen dadurch aus, dass man Ertragstafeln regelmässiger Hochwaldbestände anwendet, deren Angaben mit einem eingeschätzten Vollertragsfactor multiplicirt werden. Allein dass den hieraus hervorgehenden Zahlen kein sonderlicher Werth beizulegen ist, weiss Jeder, der sie unter diesen Verhältnissen angewandt hat. Meist liegen die Verhältnisse so, dass man kaum über die Wachsthumsfähigkeit vieler Bestände und die Zweckmässigkeit der Periode mit Sicherheit urtheilen, geschweige denn die zu erwartenden Erträge zahlenmässig ausdrücken kann. Wo grössere Aushiebe, z. B. Lichtungshiebe vorkommen, die zur Anwendung des Massenfachwerks Veranlassung geben sollen, ist dasselbe so wenig wie ein Periodenfachwerk überhaupt am Platze. Denn hier vertheilen sich die Erträge auf mehrere Perioden, während die Massen im Fachwerk, abgesehen von der ersten, immer nur in einer Periode erscheinen.

Zweitens ist die Anwendung des combinirten Fachwerkes sehr umständlich, zeitraubend und richtet die Aufmerksamkeit des Bearbeiters über Gebühr auf die mechanischen Operationen des Rechnens. Jede Aenderung an einem nach dieser Methode aufgestellten Plane hinsichtlich der Betriebsklassen, der Culturen, periodischen Erträge zieht eine ganze Kette von Umrechnungen nach sich, die gewöhnlich mehr Mühe und Zeit beanspruchen als die erstmaligen Berechnungen. Hat z. B. der Taxator für eine Culturfläche, die in der V. Periode zur Nutzung kommen soll, $3/_{10}$ Kiefern und $7/_{10}$ Fichten-Culturen projectirt, der Revisionsbeamte ist dagegen der Ansicht, dass $4/_{10}$ Kiefern und $6/_{10}$ Fichten ein geeigneteres Mischungsverhältniss sei, so ändern sich, da der Plan in formaler Hinsicht correct sein muss, nicht nur die Culturen, sondern es sind auch die Tafeln von neuem aufzuschlagen und alle Zahlen am Schlusse des betreffenden Blocks und des ganzen Planes bedürfen der Correction. Hierdurch wird die Aufstellung und formale Revision der Pläne sehr verzögert.

Drittens endlich kann der Zweck, welchem die Ausstattung der Perioden mit Holzmassen dienen soll, auf einfachere und zweckmässigere Weise durch andere Methoden erreicht werden. Als der nächste Ersatz erscheint das Flächenfachwerk mit reducirten Flächen, das umsomehr hierzu geeignet erscheint, als man es in der Hand hat, die Reductionsfactoren so zu bestimmen, dass alles, was durch die Holzmassen ausgedrückt werden kann, auch in den Flächen, nur in einfacheren Zahlen, zum Ausdruck gebracht wird. Offenbar aber verdient es den Vorzug, Verhältnisse, über die man nur ganz im Allgemeinen orientirt sein kann, in einfachen Zahlen anstatt in detaillirten Berechnungen darzustellen.

Das combinirte Fachwerk ist aus den vorstehenden Gründen in unserer Taxations-Commission nur noch sehr selten in Anwendung. Wo es früher angewandt wurde, ist jetzt meist das Flächenfachwerk mit einfachen und reducirten Flächen getreten.

II. Die Anwendung des Flächenfachwerkes mit einfachen und reducirten Flächen.

Hierbei handelt es sich zunächst um einen Maassstab, nach welchem die verschiedenen Bonitäten auf einander bezogen werden. Derselbe ist abhängig vom Zwecke der Reduction:

1. Soll das Verhältniss des wahren wirthschaftlichen Werthes mehrerer Flächen dargestellt werden, so sind ihre Erwartungswerthe zu berechnen und auf einander zu reduciren. Diese Methode ist die theoretisch correcteste; gegen ihre Anwendung für das Fachwerk in Preussen sprechen, auch wenn man alle in Betracht kommenden Factoren mit genügender Genauigkeit sollte ermitteln können, insbesondere folgende Gründe:

a) Im Fachwerk müssen die Flächen, seinem hauptsächlichsten Zwecke entsprechend, nach der Bedeutung erscheinen, welche sie in Hinsicht auf die Ertragsregulirung für die Perioden, denen sie zugetheilt werden, haben. Da es hier nur darauf ankommt, die Haubarkeitserträge zu regeln, so sind alle anderen, den Werth der Flächen beeinflussenden Elemente bedeutungslos. Auf den Erwartungswerth influiren aber Haupt- und Vornutzungen, Nebennutzungen, Cultur-, Schutz- und Verwaltungskosten.

b) Die Reductionsmethode nach dem Erwartungswerth steht im Widerspruch mit dem für die preussischen Staatsforsten geltenden Wirthschaftsprincip. Da in diesen das Bestreben der Wirthschaft auf Erzielung eines möglichst hohen Durchschnittszuwachses gerichtet ist, so muss auch der relative Werth der Flächen nach dem Grade bemessen werden, in welchem sie zur Erreichung dieses Zieles wirksam sind. Dieser Forderung entspricht:

2. Die Reduction der Flächen nach dem Durchschnittszuwachs, welchen die Flächeneinheit jährlich zu erzeugen vermag. Hierbei kann sowohl der Massen- als der Werthszuwachs zu Grunde gelegt werden. Von der ersteren Reductionsmethode pflegen wir Gebrauch zu machen. Sie wird angewandt, wenn dem Ertragsvermögen einer Fläche Ausdruck gegeben werden soll ohne Rücksicht auf den gegenwärtigen Zustand seiner Bestockung und die Behandlung, welche der Betriebsplan für den nächsten Umtrieb vorschreibt, wenn insbesondere die Gleichheit der Erträge für spätere Umtriebe, wenn ein dauernder Normalzustand für die Zukunft begründet oder wenigstens zum Ausdruck gebracht werden soll. Das bei dieser Methode anzuwendende Verfahren ist sehr einfach; man ermittelt für jede Holzart und Standortsklasse das Maximum des Jahresdurchschnittszuwachses pro Flächeneinheit, setzt dasjenige der vorherrschenden Holzart auf der mittleren Bodenklasse = 1 und bezieht die übrigen auf diese durch Decimalbrüche mit 1 Decimale. Da in den preussischen Staatsforsten das Ziel der Wirthschaft nicht auf Massen-, sondern auf Werthszuwachs gerichtet ist, so erscheint es als eine Forderung der Consequenz, dass auch die Werthsdurchschnittszuwachse der Reduction zu Grunde gelegt

werden. Hierfür wäre erforderlich, dass für die durchschnittlichen Sortimente der Haubarkeitserträge der verschiedenen Bonitäten Werthsfactoren ermittelt werden. Der Werthsfactor des Durchschnittsfestmeters der vorherrschenden Holzart auf der mittleren Bonität würde $= 1$ zu setzen sein, die der übrigen Bonitäten wären als Decimalbrüche mit einer Decimale darzustellen. Die Flächenreductionsfactoren würden sich alsdann durch Multiplication der Massenreductions- mit den Werthsfactoren ergeben. Gegen die Anwendung dieser Methode der Reduction sowohl nach Massen- als auch nach Werthszuwachs spricht, wenigstens, wenn sie mit der Tendenz der Gleichstellung ausgeführt wird, dasselbe, was gegen das Flächenfachwerk überhaupt geltend gemacht ist, dass bei ihr die Bedürfnisse der nächsten Zeit zu wenig, diejenigen der spätern Zukunft über Gebühr berücksichtigt werden.

3. Soll durch die reducirten Flächen die Nachhaltigkeit der Nutzungen während des ersten Umtriebes nachgewiesen werden, so muss die Reduction stattfinden nach Maassgabe des Holzertrages, den sie zur Zeit des Abtriebes liefern. Ebenso wie beim vorigen Verfahren müssten auch hier streng genommen die Werthe der Haubarkeitserträge auf einander bezogen werden. Die bei uns in Anwendung stehende einfachere Methode besteht darin, dass man die nach 2. berechneten Massenreductionsfactoren noch mit dem Vollertragsfactor muitiplicirt. Diese Methode wird Seitens unserer Taxation an Stelle des combinirten Fachwerkes angewandt. Sie enthält dieselben Elemente wie diese, mit der Beschränkung, dass die Nutzungen der späteren Perioden nicht nach Holzarten getrennt sind. Da indessen auch beim Massenresp. dem combinirten Fachwerke nur die zu 0,3 eingemischten Holzarten berücksichtigt werden, so geben die Abschlüsse der Pläne in Hinsicht der Vertheilung der Erträge nach Holzarten doch keine brauchbaren Resultate.

Wenn hiernach auch die Methode der reducirten Flächen ein entschiedener formeller Fortschritt ist gegenüber dem combinirten Fachwerke, so kann ihr doch eine hervorragende Bedeutung für die Ertragsregelung nicht beigelegt werden. Die Gründe hierfür liegen einmal darin, dass die wesentlichsten Bonitätsverschiedenheiten schon durch die Bildung der Betriebsklassen von einander gesondert werden, zum anderen, dass die absolute Gleichstellung der periodischen Flächenwerthe, welche durch die Reduction angestrebt wird, in der Regel wenig Werth hat. Die hierauf gerichtete Tendenz führt im Gegentheil oft zu verkehrten Flächendispositionen. Viel wichtiger als die summarische Gleichheit der Flächen anzustreben ist es, nachzuweisen, dass die Flächen innerhalb der einzelnen Blöcke so vertheilt sind, dass in jeder Periode sowohl auf den besseren als den geringeren Standorten gewirthschaftet wird. Wenn dies der Fall ist, wird für die Befriedigung des Consumtionsbezirkes besser gesorgt, als durch die Gleichstellung der summarischen Flächenwerthe. Dieser Nachweis kann aber ebenso gut als durch reducirte Flächen durch:

III. Die Anwendung des Flächenfachwerkes mit einfachen Flächen

geführt werden. Diese Methode hat deshalb in der neuesten Zeit in unserer Taxations-Commission diejenige der reducirten Flächen mehr und mehr verdrängt. Die Flächen werden hierbei getrennt nach den Betriebsklassen summirt und am Schlusse jeden Blockes sowohl als auch des ganzen Betriebsplanes recapitulirt. Indem man diese Abschlüsse den Abschlüssen der Altersklassentabellen gegenüberstellt, hat man eine zur Beurtheilung der Zweckmässigkeit der periodischen Vertheilung genügende Uebersicht. Will man die Bonitäten der Periodenflächen noch genauer übersehen, als es nach der Sonderung in Betriebsklassen möglich ist, so wäre noch eine besondere nach Perioden geordnete Bonitätstabelle hinzuzufügen. In der Regel pflegen wir uns aber damit zu begnügen, die Bonitäten summarisch für jede Betriebsklasse blockweise und im Ganzen darzustellen, wonach man für den vorstehenden Zweck meist hinlänglich orientirt ist.

Wie aus dem Vorangegangenen hervorgeht, zeigt das Ertragsregelungsverfahren der Taxations-Commission für die Provinz Hessen-Nassau die Entwickelung zu grösserer Einfachheit. Dasselbe würde, unbeschadet irgend eines durch die Betriebsregelung zu erreichenden Zweckes, noch weiter dahin vereinfacht werden können, dass die Perioden überhaupt in Wegfall kommen. Gegen das Fachwerk, sowohl unter den forstlichen Verhältnissen Hessens, als auch im Allgemeinen, sprechen folgende Umstände:

Zunächst ist hervorzuheben, dass der Begriff der Periode und der Gang der thatsächlichen Abnutzung nicht mit einander harmoniren, dass in vielen Fällen schon von vornherein übersehen werden kann, dass die Abnutzung ganz anders, als sie durch die Periodenbildung projectirt werden kann, sich gestalten werde. Das Letztere ist der Fall bei allen Hieben der natürlichen Verjüngung, insbesondere denjenigen, die länger dauern, als die Periode selbst; ferner bei Lichtungshieben, deren Haupterträge sich auf mehrere Perioden vertheilen. Der Idee der Periodenbildung steht ferner entgegen, dass insbesondere unter unregelmässigen Verhältnissen Niemand mit Sicherheit über die zweckmässige Abtriebszeit jüngerer Bestände urtheilen kann, dass Aenderungen der Absatzverhältnisse, technische Fortschritte, physische Calamitäten auf diese weit mehr Einfluss üben, als die Ansichten des Taxators zur Zeit der Aufstellung des Betriebsplanes.

Zweitens kann der Zweck der Periodenbildung, die Nachhaltigkeit des Ertrages zu gewährleisten, auch durch andere einfachere Mittel erreicht werden. Die Nachhaltigkeit der Erträge kann der einzelne Betriebsplan nicht weiter gewährleisten, als insofern er bestimmt, wie viel in der ersten Periode genutzt wird. Deshalb kann sich der Taxator behufs Nachweisung der Nachhaltigkeit auch auf diese allein beschränken. Wo Kahlschlagbetrieb vorherrschend ist, wird die Fläche den geeignetsten Maassstab zum Nachweis der Nachhaltigkeit abgeben. Durch Vergleichung der Nutzungsflächen der nächsten 10 oder 20 Jahre mit den normalen Abtriebsflächen und mit den Flächen der bezüglichen Altersklassen und durch Begründung der Abweichung nach dem Zustande der Bestände und anderen influirenden Verhältnissen, wird man die Nutzung der ersten Periode und mit ihr die Nachhaltigkeit der Nutzung besser motiviren, als es durch Massen- und Flächenfachwerk geschehen kann. Für Betriebssysteme der allmählichen Verjüngung, für Compositionsbetriebe, für Femelwald etc. ist die Fläche der Natur der Sache nach ein für die Bemessung der Abnutzung unbrauchbarer Maassstab. An ihre Stelle wird hier am zweckmässigsten der Durchschnittszuwachs treten, den man deshalb auch für jeden Bestand aufnehmen und wie die Altersklassen nach Betriebsklassen und Blöcken getrennt in den Taxationswerken darstellen sollte. Dass dies nicht geschieht, ist ein wesentlicher Mangel unseres Taxationsverfahrens. Je nach dem Altersklassenverhältnisse und dem Zustande der Bestände werden die Erträge den periodischen Zuwachs übertreffen oder hinter ihm zurückstehen müssen, wobei man indessen nicht nöthig hat, die wirklichen und normalen Vorräthe zu beziffern und nach deren Differenzen auszugleichen.

Die Periodenbildung ist nach dem Vorstehenden zum Zwecke des Nachweises der Nachhaltigkeit der Erträge nicht erforderlich; sie hat in dieser Hinsicht mehr historischen als praktischen Werth. Hierbei ist nun freilich nicht unbeachtet zu lassen, dass die periodische Ordnung der Flächen nicht nur dem Zwecke der quantitativen Ertragsregelung dienen, sondern dass sie, wie bereits Seite 71 hervorgehoben wurde, auch die Hiebsfolge ersichtlich machen und dem Wirthschafter manchmal auch Winke für gewisse Operationen (Durchforstungen, Aushiebe etc. etc.) geben soll. Allein um diesem Zwecke zu genügen, ist die Periodenbildung ein ausserordentlich umständliches Mittel. Dies lehrt ein Blick auf das Forsteinrichtungswesen im Königreiche Sachsen. Hier ist die Hiebsfolge von grosser Bedeutung, der Betriebsplan beschäftigt sich mit ihr sehr eingehend, schreibt Loshiebe und Umhauungen vor, ohne hierzu eine Periodenbildung nöthig zu haben. Ob es sich für den Gang der Abnutzung empfiehlt, starke Durchforstungen, Loshiebe einzulegen etc. etc., lässt sich nach den sächsischen Bestandeskarten ebenso gut beurtheilen, als nach den preussischen Periodenkarten. Im Uebrigen aber hat es sicherlich den Vorzug, die thatsächlichen Verhältnisse der Gegenwart anstatt der problematischen der Zukunft darzustellen.

Um indessen unser jetzt thatsächlich in Anwendung stehendes Ertragsregelungsverfahren richtig zu charakterisiren, muss hervorgehoben werden, dass dem Fachwerke schon längst nicht mehr diejenige Bedeutung beigelegt wird, die ihm nach dem Taxationsformularen zuzukommen scheint. Die revidirenden Beamten pflegen in der Regel nur die Abschlüsse der Betriebsklassen und Blöcke einzusehen und im Detail von der Periodenbildung nur insoweit Einsicht zu nehmen, als die den Verhältnissen entsprechende Hiebsrichtung aus ihm ersehen werden kann. Als die wesentlichste Aufgabe des Betriebsplanes betrachten wir vielmehr nur dasjenige, was sich auf die nächste Wirthschaftsperiode bezieht, in erster Linie die richtige Auswahl der in dieser zu verjüngenden Bestände. Bestimmend hierfür sind nach dem Grade ihrer Bedeutung unter den Verhältnissen der hessischen Staatsforsten folgende Momente:

1. Die Hiebsbedürftigkeit der Bestände;
2. Die Herstellung einer geregelten Hiebsfolge;
3. Die Regelung der Altersklassen innerhalb der einzelnen Blöcke und Betriebsklassen, durch die dann auch die Möglichkeit der Bedarfsbefriedigung für die Zukunft und die zweckmässige Vertheilung der Erträge gewährleistet wird.

Hiernach kann unsere Taxationsmethode als diejenige einer Bestandeswirthschaft bezeichnet werden, die, gegründet auf eine gute wirthschaftliche Eintheilung, die einzelnen Bestände zur Zeit ihrer wirthschaftlichen Reife nutzen und dadurch zugleich eine geregelte Hiebsfolge und eine zweckmässige Vertheilung der Erträge herbeiführen will.

Der jährliche Abnutzungssatz resultirt unmittelbar aus den Schlusssummen des für die erste, zwanzigjährige, Periode berechneten Ertrages, durch deren Division mit 20. Er wird getrennt nach den vier Holzarten — Eiche, Buche, anderes Laubholz, Nadelholz — und gesondert für Haupt- und Vornutzung für das ganze Revier entwickelt; Zerlegungen nach Blöcken und Betriebsklassen finden nicht statt. — Sobald die erstmalige Betriebsregelung auf Grund der neuen Eintheilung durchgeführt ist, wird es sich empfehlen, bei den Taxationsrevisionen den Abnutzungssatz nicht auf dem Wege des Messens und Rechnens von Neuem zu ermitteln, sondern ihn aus dem erstmaligen, nach dem Zustande der Bestände, den Bedürfnissen der Jungwüchse, dem Verhältnisse der Altersklassen und den Bedürfnissen des Absatzmarktes gutachtlich zu reguliren.

3. Kapitel.

Betriebsdispositionen.

Dieser Gegenstand ist vorwiegend materieller und localer Natur und kann daher hier, wo das Allgemein-Formelle hervorzuheben ist, sehr kurz behandelt werden.

In formeller Hinsicht gestalten sich die Bestimmungen über den zukünftigen Betrieb in unseren Taxationsformularen sehr einfach. Der Taxator notirt im unmittelbaren Anschlusse an die specielle Beschreibung, was innerhalb des Zeitraumes, für welchen der Plan aufgestellt wird, für jeden einzelnen Bestand an Culturen, Läuterungen, Durchforstungen, Hauptnutzungen geschehen soll. Dies wird im speciellen Betriebsplane in Form einer kurzen Bemerkung angegeben. Die Betriebsklasse, die Art der Hauung, die Holzart, welche cultivirt werden soll und die Methode der Cultur sind zu bezeichnen. Speciellere Angaben über die Art der Ausführung hat sich der Betriebsplan in der Regel zu enthalten, da es keinem Zweifel unterliegt, dass dem ausführenden Verwaltungsbeamten hierüber ein besseres Urtheil zusteht als dem Taxator. In der generellen Revierbeschreibung sind die getroffenen Betriebsdispositionen nach Betriebsklassen zu charakterisiren und zu begründen.

4. Kapitel.

Taxationsschriften und Karten.

Der Inhalt der Taxationsschriften resultirt aus den Anforderungen des Taxationsverfahrens selbst. Das wichtigste der unsere Taxationsarbeiten darstellenden Schriftstücke ist die „specielle Beschreibung, Ertragsberechnung und Betriebsplan". Das Formular hierzu ist durch von Hagen's „Forstliche Verhältnisse Preussens" allgemein bekannt geworden. Demselben dürfte vor den Formularen der Wirthschaftspläne fast aller anderen Staaten der Vorzug gebühren, weil es, unbeschadet der Vollständigkeit und Uebersichtlichkeit, alle wesentlichen Momente für Gegenwart und Zukunft auf einem Blatte übersichtlich darstellt, so dass man, den Plan durchgehend, bei jeder Abtheilung geordnet beisammen findet, was über ihren gegenwärtigen Zustand und ihre Bewirthschaftung zu sagen ist. Der Plan ist nach der Nummerfolge der Blöcke, die mit römischen, der Districte, die mit arabischen Ziffern und der Abtheilungen, die mit kleinen lateinischen Buchstaben bezeichnet werden, geordnet. Die linke Seite ist für die Darstellung der bestehenden Verhältnisse, die rechte für die Ertragsregelung und die Betriebsdispositionen bestimmt. Zuerst wird die Bezeichnung des Blockes, des Districtes und der Abtheilung angegeben. Hieran schliesst sich die Altersklassentabelle und die specielle Beschreibung des Bestandes und Standortes. Für die vorherrschende Holzart, das mittlere Bestandesalter und den Vollertragsfactor sind behufs grösserer Uebersichtlichkeit und leichterer Aufsummirung besondere Colonnen gezogen. Hierauf folgt für die Wirthschaftsbestände der ersten Periode die Angabe der ermittelten Holzmassen, getrennt nach Holzarten und des Zuwachsprocentes. — Die zweite Seite lässt zunächst die nach Haupt- und Vornutzung getrennten Materialerträge der ersten Periode ersehen. Hier erscheinen die Holzarten nach den Gruppen: Eiche, Buche, anderes Laubholz, Nadelholz. Bei Anwendung des Flächenfachwerkes folgen hierauf die Flächen, bei Anwendung des combinirten Fachwerkes Flächen und Massen der zweiten und späteren Perioden. Der Rand der rechten Seite endlich ist zu Bemerkungen über Hauungen und Culturen bestimmt. Bei den letzteren ist die zu cultivirende Holzart anzugeben und sind die vorgeschlagenen Culturmethoden nach Saat und Pflanzung zu trennen. Die Flächen der Altersklassen werden, getrennt nach Holzarten und Betriebsklassen, seitenweise summirt und am Schlusse jeden Blockes recapitulirt. Ebenso auch die Holzerträge und Flächen der ersten, die Flächen und eventuell auch die Massen der späteren Perioden. Durch eine am Schlusse des ganzen Planes gefertigte Zusammenstellung wird übersichtlich dargestellt, wie sich die nach Holzarten getrennten Altersklassen, die Flächen und die nach Holzartengruppen geordneten Erträge auf die Betriebsklassen und Blöcke vertheilen. Die Vergleichung der Abschlüsse der Altersklassen und Perioden dient als Beleg zur Begründung der Zweckmässigkeit der Abnutzung.

Ebenso wie die Erträge werden auch die Culturen, nach Holzarten, Saat und Pflanzung getrennt, blockweise und im Ganzen (nicht nach Betriebsklassen) zusammengestellt. Nach diesen Abschlüssen, sowie den Kostenanschlägen des Wegverzeichnisses, werden Cultur-Gelder-Nachweisungen für die erste Wirthschaftsperiode angefertigt. Die ausser diesen noch zu fertigenden und dem Betriebswerke beizufügenden Nachweisungen über Servituten, Fischerei, Jagd, Acquisitionen etc. haben zur Taxation keine nähere directe Beziehung. Von Wichtigkeit für diese ist dagegen noch die generelle Revierbeschreibung, die über die allgemeinen topographischen und ökonomischen Verhältnisse referirt, die seitherige Wirthschaftsgeschichte darlegt und die Grundzüge der neuen Betriebsregulirung, insbesondere die getroffenen Betriebsdispositionen charakterisirt und begründet. Sehr empfehlenswerth für unsere Wirthschaftspläne erscheint die in Baden bestehende Einrichtung, dass diejenigen Verhältnisse, welche dauernde Geltung haben, von denjenigen, welche sich auf die einmalige Betriebsregulirung beziehen, getrennt dargestellt werden.

Von taxatorischen Karten werden durch die Taxations-Commission für die Provinz Hessen-Nassau gefertigt:
1. eine Specialkarte im Maassstabe 1 : 5000, welche allen geometrischen Zwecken dient;
2. eine Wirthschaftskarte im Maassstabe 1 : 25000, welche die vorherrschenden Holzarten durch farbige Anlage und die eingemischten durch Baumfiguren, die Abtriebsperioden durch farbige Umränderungen und eingeschriebene römische Zahlen ersehen lässt. Aus dem Seite 79 Gesagten geht hervor, dass wir den bestehende Verhältnisse darstellenden Karten, wie z. B. den sächsischen Bestandeskarten, den Vorzug geben.

Wegnetz und Eintheilung
von einem Theile der
OBERFÖRSTEREI OBEREMS
IN NASSAU.

Maasstab 1:25.000

Meter.
Abstand der Horizontalen 20 Meter.

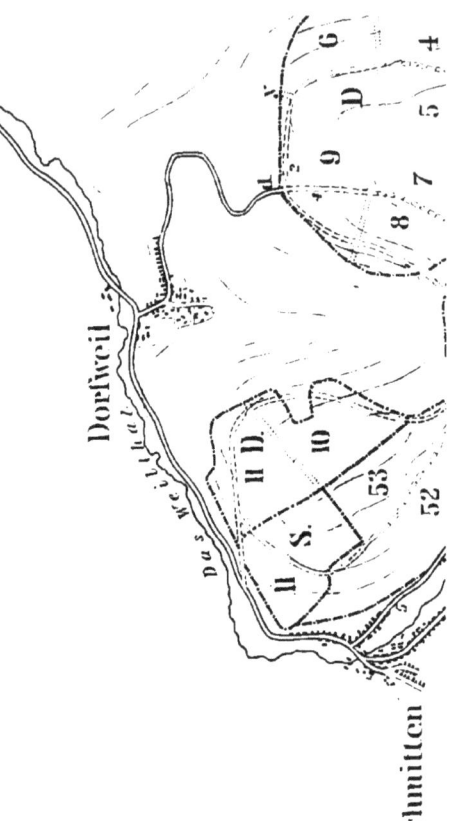

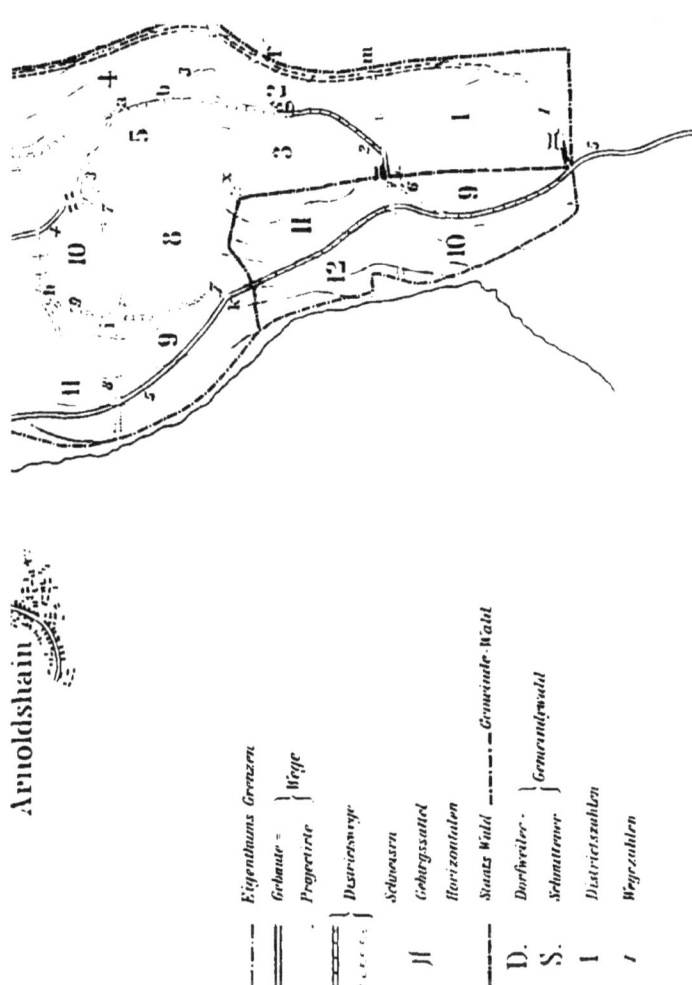

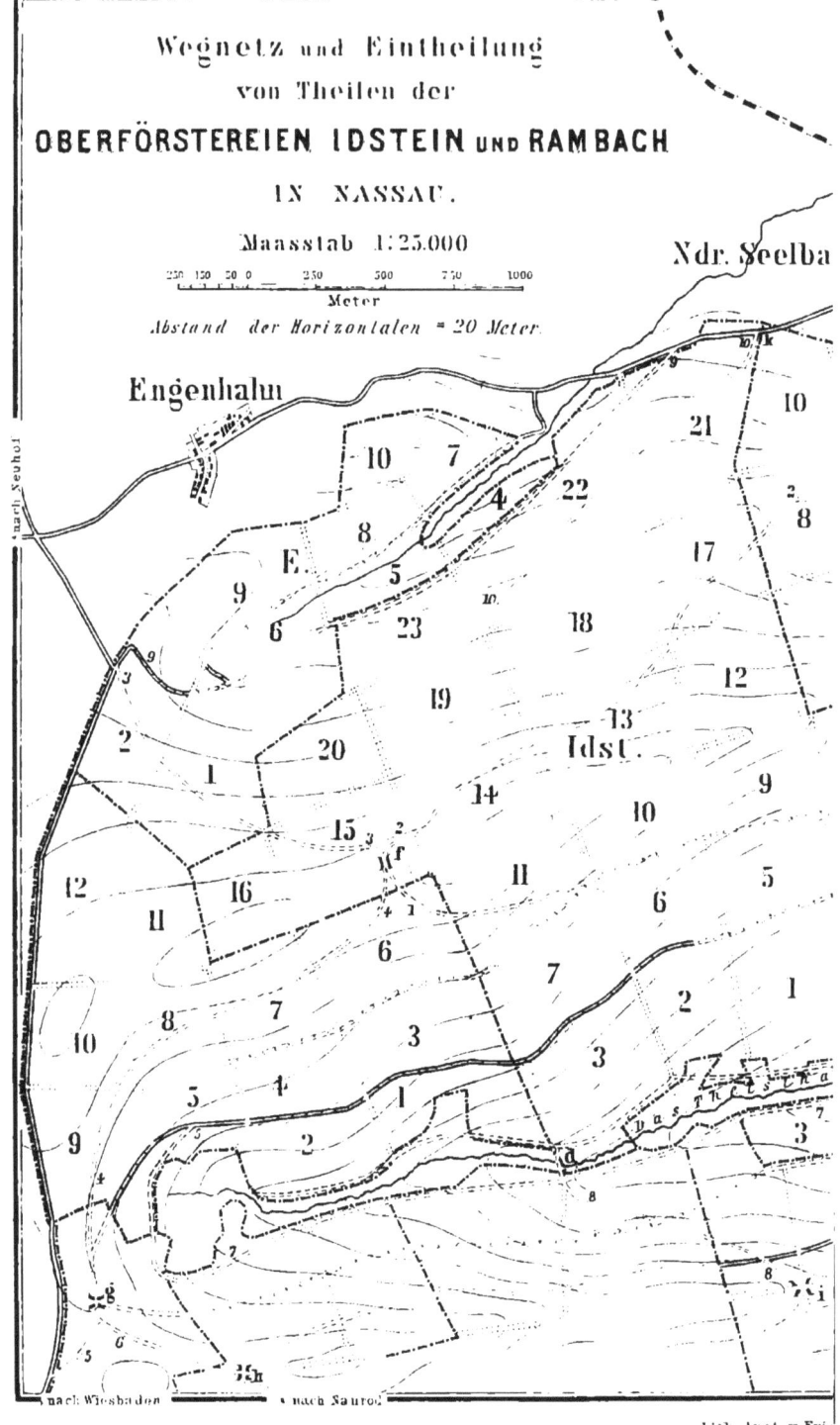

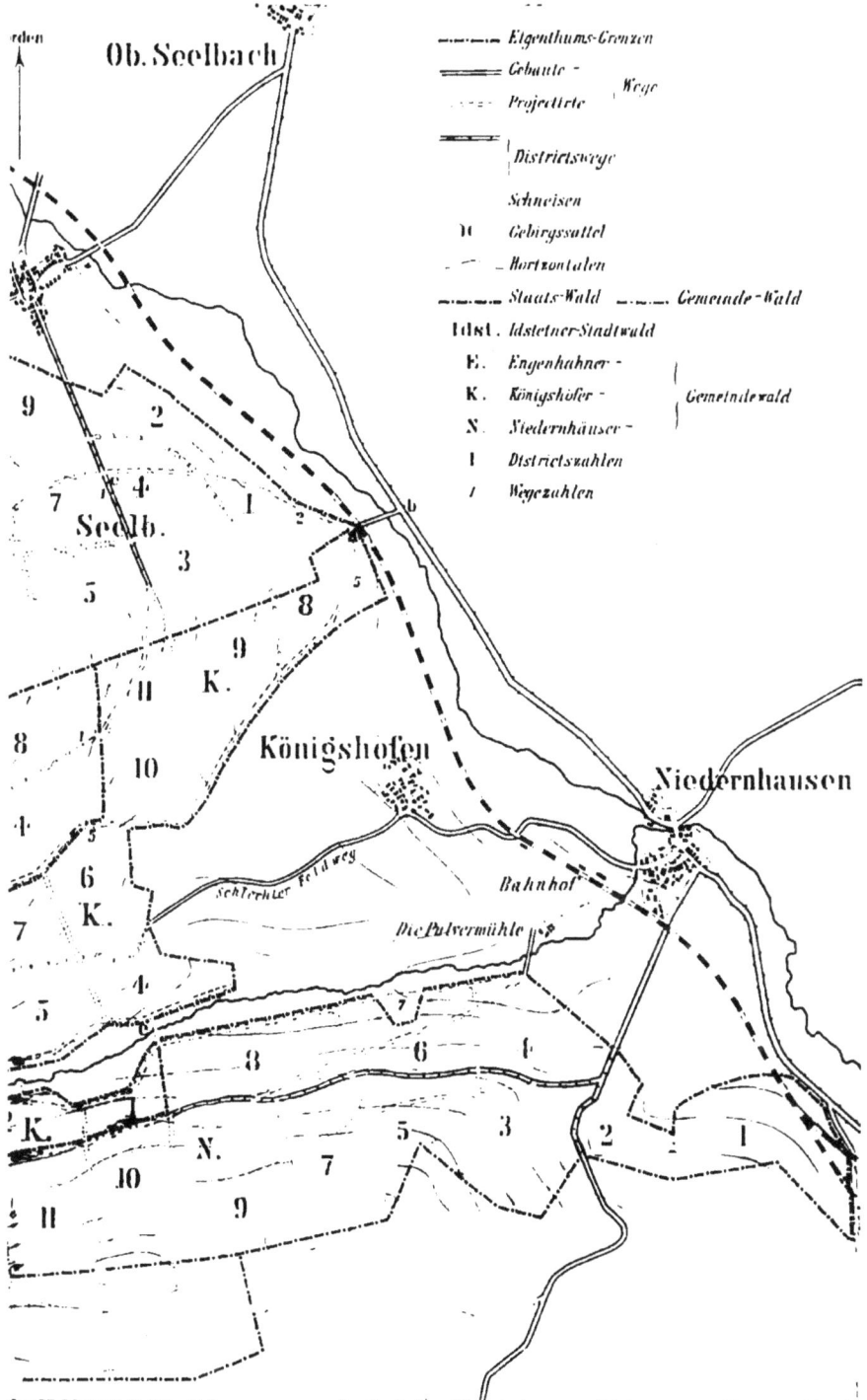